말씀과 진리 성경대학교재 2

성령과 인간

교회성장연구소

말씀과 진리 성경대학교재 2

성령과 인간

이영훈 지음

THE HOLY SPIRIT AND MAN

교회성장연구소

추천의 글

제한된 3차원 세계를 살아가는 우리 인생의 최대 관심사는 영원한 생명에 있습니다. 영생을 추구하며 살아가는 우리에게는 걸어가야 하는 길이 있습니다. 예수님은 성경 말씀을 통해 자신을 '길과 진리요 생명'이라고 소개하십니다. "예수께서 이르시되 내가 곧 길이요 진리요 생명이니 나로 말미암지 않고는 아버지께로 올 자가 없느니라"(요 14:6) 우리가 걸어가야 하는 길인 진리와 생명의 길을 따라 예수님과 동행하는 삶을 살 때 비로소 우리는 승리하는 인생, 형통하는 인생, 주님을 본받는 인생으로 나아갈 수 있습니다.

길과 진리 되신 예수님이 우리에게 말씀으로 직접 찾아오셨습니다. "말씀이 육신이 되어 우리 가운데 거하시매 우리가 그의 영광을 보니 아버지의 독생자의 영광이요 은혜와 진리가 충만하더라"(요 1:14)고 성경은 말씀하고 있습니다. 이처럼 말씀은 우리를 구원과 영생으로 인도하는 영적인 나침반입니다. 진리에 대한 영적 통찰력을 제공하고 삶의 문제에 대한 해답을 제시하는 영적 안내서이기도 합니다.

진리의 말씀 앞에 선 우리의 선택과 결정은 단호하고 확실해야 합니다. 길 되신 예수 그리스도, 생명 되신 예수 그리스도 그분을 닮아 가는 삶을 사는 것입니다. 이러한 삶을 살아갈 수 있게 돕는 새롭게 수정, 보완된 성경대학교재인 『말씀과 진리』를 출간하게 된 것을 기쁘게 생각하며 하나님께 진심으로 감사드립니다.

개편된 교재 『말씀과 진리』는 성도를 예수 그리스도를 믿는 것과 아는 일에 하나가 되어 온전히 그리스도의 장성한 분량이 충만한 데까지 이르도록 인도할 것입니다. 본 교재를 통해 진리의 말씀을 공부하는 성도가 성령님이 허락하시는 거룩한 생각으로 새로운 꿈을 꾸며 담대하게 승리하는 삶을 살아가게 되기를 간절히 소망합니다.

2014년 2월

조용기 | 여의도순복음교회 원로목사

들어가는 말

여의도순복음교회는 지난 50여 년의 세월 속에 하나님의 놀라운 은혜로 기독교 역사에서 유례를 찾아볼 수 없는 대 부흥을 이루어 왔습니다. 교인 다섯 명의 천막 교회로 시작한 하나의 작은 교회가 세계 최대의 단일 교회로 성장한 지금도 부흥과 성장은 멈추지 않고 속도를 더하여 가고 있습니다. 이러한 부흥의 물결은 이제 본 교회에만 국한되지 않고 한국교회와 나아가서는 온 세계 교회로 흘러가고 있습니다. 이처럼 놀라운 교회 부흥의 주역이 될 수 있었던 것은 십자가 신앙을 기초로 한 철저한 말씀 중심의 교육과 뜨거운 성령운동이 있었기 때문입니다.

성령충만은 곧 예수 충만이고 예수 충만은 하나님의 말씀으로 더욱 온전하여 질 수가 있습니다. 말씀으로 우리 가운데 오셨던 예수님은 이제 부활 승천하셔서 하나님 보좌 우편에서 성령을 보내고 계십니다. 성령은 그리스도의 영이시므로 하나님의 말씀을 참되게 배우고 말씀대로 사는 것이 성령충만한 신앙생활을 유지하는 데 무엇보다 중요힙니다. 따라서 하나님의 아들을 믿는 것과 아는 일에 하나가 되어 온전한 사람을 이루어서 그리스도의 장성한 분량이 충만한 데까지 이르도록 열심을 다하여야 합니다(엡 4:13).

오늘날의 기독교는 급변하는 사회와 통신의 발달로 인하여 무분별한 지식이 여과 없이 성도에게 전달되고 여러 이단의 활동으로 몸살을 앓고 있습니다. 이러한 중요한 시기에 새롭게 개편된 성경대학교재 『말씀과 진리』가 시대적 요구에 부응하고 성도의 영적 갈망을 채울 수 있게 된 것을 기쁘게 생각합니다.

새롭게 출간된 교재는 성도 여러분에게 훌륭한 영적 길잡이가 되어 올바른 교리와 견고한 신앙 위에 설 수 있도록 인도할 것입니다. 이는 그동안 축적되어 온 사역 현장에서의 경험과 충실한 연구 성과가 일구어낸 결과로 보입니다. 본 교회는 그동안 불퇴진의 복음전파와 식을 줄 모르는 기도운동과 더불어서 오래전부터 체계적인 성경 말씀을 가르침으로 성도를 양육해 왔습니다.

이런 효과적인 교육이 있었기에 성령운동의 역사가 흔들리지 않고 든든히 설 수가 있었습니다.

개편된 『말씀과 진리』를 통하여 수많은 성도가 그리스도를 닮은 작은 예수가 되어 주님 오시는 그 날까지 부흥을 지속하기를 소망합니다. 본 교재를 출간하기까지 도움을 주신 모든 분께 진심으로 감사를 드리며 인도하신 하나님께 모든 영광을 올려드립니다.

2014년 2월

이영훈 | 여의도순복음교회 담임목사

THE HOLY SPIRIT AND MAN

THE HOLY SPIRIT AND MAN

목차

THE HOLY SPIRIT AND MAN

목차

11과

성령님의 존재와 명칭

1. 성령님의 신성과 인격성
   1) 성령님의 신성
   2) 성령님의 인격성

2. 성령님의 명칭
   1) 삼위의 다른 위격과의 관계성을 보여주는 명칭
   2) 성령님의 속성을 나타내는 명칭
   3) 성령님의 사역을 나타내는 명칭

3. 성령님의 상징
   1) 물
   2) 불
   3) 바람
   4) 비둘기
   5) 인(印)
   6) 보증
   7) 옷 입힘
   8) 기름

THE HOLY SPIRIT AND MAN

11과 성령님의 존재와 명칭

1. 성령님의 신성과 인격성

1) 성령님의 신성

하나님은 영원성, 전지성, 전능성, 무소부재성 등과 같은 신적인 속성을 가지고 계신다. 성령님도 하나님과 동일하게 영원성, 전지성, 전능성, 무소부재성의 신적인 속성을 가지고 계신다. 성령님은 하나님과 동일한 분이시기 때문이다.

2) 성령님의 인격성

성령님과 깊은 교제를 나누기 위해서는 성령님이 어떠한 분인지를 알아야 한다. 성령님은 인격적인 분이므로 인격적인 속성을 가지고 계신다.

(1) 성령님의 속성으로 본 인격성

성령님이 인격적이라는 것은 그분이 가지고

＊속성(屬性)
어떤 인격체, 생물 및 사물의 특징이나 성질을 의미한다.

	하나님	성령님
영원성 (永遠性)	• "영원하신 야훼의 이름을 불렀으며"(창 21:33) • "산이 생기기 전, 땅과 세계도 주께서 조성하시기 전 곧 영원부터 영원까지 주는 하나님이시니이다"(시 90:2)	• "하물며 영원하신 성령으로 말미암아 흠 없는 자기를 하나님께 드린 그리스도의 피가 어찌 너희 양심을 죽은 행실에서 깨끗하게 하고 살아 계신 하나님을 섬기지 못하겠느냐"(히 9:14)
전지성 (全知性)	• "나는 가까운 데에 있는 하나님이요 먼 데에 있는 하나님은 아니냐 야훼의 말씀이니라 사람이 내게 보이지 아니하려고 누가 자신을 은밀한 곳에 숨길 수 있겠느냐"(렘 23:23~24)	• "오직 하나님이 성령으로 이것을 우리에게 보이셨으니 성령은 모든 것 곧 하나님의 깊은 것까지도 통달하시느니라"(고전 2:10)
전능성 (全能性)	• "나는 전능한 하나님이라"(창 17:1) • "주께서는 못 하실 일이 없사오며 무슨 계획이든지 못 이루실 것이 없는 줄 아오니"(욥 42:2)	• "천사가 대답하여 이로되 성령이 네게 임하시고 지극히 높으신 이의 능력이 너를 덮으시리니 이러므로 나실 바 거룩한 이는 하나님의 아들이라 일컬어지리라"(눅 1:35)
무소부재성 (無所不在性)	• "내가 주의 영을 떠나 어디로 가며 주의 앞에서 어디로 피하리이까 내가 하늘에 올라갈지라도 거기 계시며 스올에 내 자리를 펼지라도 거기 계시니이다"(시 139:7~8)	• "이는 사람으로 혹 하나님을 더듬어 찾아 발견하게 하려 하심이로되 그는 우리 각 사람에게서 멀리 계시지 아니하도다"(행 17:27)

계신 성격을 통해 알 수 있다. 성령님이 가지고 계신 인격성에는 지성, 감성 그리고 의지의 요소 들이 있다.

① 지성(知性)

• 성령님은 지성을 지니신 분으로 모든 것, 곧 하나님의 깊은 것까지도 아신다(고전 2:10).

*** 지성(知性)**
어떤 것을 객관적으로 인식하고 판단하는 능력을 말한다.

• 이사야 선지자는 성령님은 '지혜와 총명의 영' 으로 눈에 보이는 대로 귀에 들리는 대로 판단하시지 않는다고, 그분의 지성에 대해 언급하고 있다(사 11:2~3).

• 성령님은 우리가 어떤 기도를 해야 할지 모를 때, 우리의 문제를 아시고 우리를 위하여 간구하신다(롬 8:27).

② 감정(感情)

• 성령님은 감정을 가지고 계시기 때문에 우리의 죄에 대하여 근심하신다(엡 4:30).

• 성령님은 우리가 간구하는 문제에 대해 말할 수 없는 탄식을 하신다(롬 8:26).

• 성령님은 사랑의 마음을 지니고 계신다(롬 15:30).

③ 의지(意志)

• 성령님은 자신의 의지로 우리에게 각양의 은사들을 주신다(고전 12:11).

• 사도 바울이 선교 사역을 하기 위해 아시아로 가려고 많은 노력을 기울였으나 성령님은 당신의 의지로 선교 지역을 아시아에서 마게

＊탄식(歎息)
근심이나 원망 등으로 한탄하여 숨을 내쉼, 또는 그러한 숨을 의미한다.

＊의지(意志)
특정한 목표를 달성하려는 의식적 노력을 말한다.

도냐로 옮기셨다(행 16:6~10).

• 성령님은 우리가 하나님의 뜻과 위배되는 길로 가면, 그분의 의지대로 인간의 의지를 바꾸신다.

(2) 성령님의 사역으로 본 인격성

① 성령님은 인격적인 행위를 하신다.

• 하나님의 일을 하기 위해 사람을 세우는 일에 직접 말씀하시거나(행 13:2), 장래에 일어날 일을 위하여 미리 말씀하신다(행 21:11).

• 성령님은 예수님이 어떤 분인지 증언하시고(요 15:26), 예수님의 말씀을 가르치고 생각나게 하신다(요 14:26).

• 성령님이 오시면 우리를 모든 진리 가운데로 인도하시고, 장래 일을 우리에게 알리신다(요 16:13).

• 하나님의 사역을 감당하는 자를 통하여 기적을 일으키신다(행 8:39).

② 성령님은 인격적인 반응을 나타내신다.

• 아나니아와 삽비라가 헌금을 가지고 성령님

＊마게도냐

그리스 북쪽 발칸 반도에 있던 나라로 처음에는 빌립이 다스렸고 (B.C. 359~336), 다음은 그의 아들 알렉산더 대왕이 통치했다(B.C. 336~323).

B.C. 168년에 로마제국의 영토가 되었고, 사도 바울은 선교를 위하여 이 지역을 자주 방문했다(행 16:9~12; 롬 15:26; 고전 16:5; 고후 1:16).

을 속이려 했지만 성령님은 지적인 능력으로 그들의 속임수를 알고 징계하셨다(행 5:1~9).

• 이스라엘 백성이 출애굽 하였을 때, 성령님은 불순종하는 그들에게 자신의 뜻을 거슬렀다고 하셨다(행 7:51).

③ 성령님에 의하여 인격적인 관계가 유지된다.

• 성부와의 관계

▶ 예수님이 침례를 받으실 때 성령님은 이름과 인격적 실체에 있어서 성부 성자와 동일한 분으로 연합되어 나타나셨다(마 3:16~17).

• 성자와의 관계

▶ 성령님은 예수님의 영광을 나타내시고 우리에게 알리신다(요 16:14).

• 성도와의 관계

▶ 사도들은 성도에게 성령님의 선하신 뜻에 따라 행하기를 원했다(행 15:28).

(3) 성령님에 대한 인칭대명사 사용

성경에서 성령님을 말할 때 '프뉴마'(τὸ πνεῦμα)라는 중성 명사를 사용하지만 대체로 지시대명사보다는 남성 인칭대명사(He)를 사용한다

*** 아나니아와 삽비라**

둘은 부부 사이(행 5:1~11)로 자신들의 재산을 팔아 그 대금의 일부를 감추고 사도들에게는 마치 전부를 바친 것처럼 속였다.

베드로가 아나니아의 속임을 책망하자 그는 즉사했고, 아내도 역시 죽었다. 그들의 죄목은 탐욕보다는 성령을 속인 것이었다. 베드로는 그들의 죽음을 판결한 것이 아니라 단지 예언을 했을 뿐이다. 그들의 죽음은 하나님이 준 벌이었다.

*** 인칭대명사**

인격체를 대신하는 나, 너, 그, 그녀 같은 대명사를 말하는데 성경은 성령님에 대해 물질이 아닌 '그'라는 인칭대명사를 사용하고 있다.

(요 14:16~17, 15:26, 16:7~8, 13~15). 또한 성령님을 보혜사라고 칭할 때는 파라클레토스(ὁ παράκλητος)라는 남성 명사가 쓰인다. 이것은 성령님이 인격적인 분이심을 분명하게 보여준다. 성령님은 인간의 눈으로 볼 수 있는 형체는 없어도 인격체의 인격적 요소를 모두 가지고 계신다.

2. 성령님의 명칭

성경에서 성령님에게 다양한 명칭을 사용하고 있는 것을 볼 수 있다. 성령님의 명칭은 다른 위격과의 관계성, 속성 그리고 사역에 따른 것으로 아래와 같이 분류할 수 있다.

1) 삼위의 다른 위격과의 관계성을 보여주는 명칭

하나님은 한 분이지만 구별되는 위격에 따라 성부 하나님, 성자 예수님, 보혜사 성령님으로 명명되신다. 성령님은 하나님과 하나이심으로 '하나님의 성령', 또한 예수님과 하나이심으로 '그리스도의 영'이라고 불리신다.

(1) 하나님의 성령(고전 6:11)

- '하나님의 성령'이라는 이름은 성령님이 성부

＊다른 위격
삼위일체의 하나님 중에서 성령님을 제외한 성부 하나님과 성자 예수님을 의미한다.

＊고린도전서 6:11
"너희 중에 이와 같은 자들이 있더니 주 예수 그리스도의 이름과 우리 하나님의 성령 안에서 씻음과 거룩함과 의롭다 하심을 받았느니라"

하나님으로부터 보내심을 받았으며(요 15:26), 성령님을 통하여 성부 하나님의 역사하심이 나타났기 때문에 명명되었다.

• 이 명칭은 성령님이 성부 하나님이심을 나타내거나 하나님의 능력을 지니셨음을 강조할 때 사용하였다.

(2) 그리스도의 영(롬 8:9)

• 성령님을 '그리스도의 영'으로 부르는 이유는 성령님이 그리스도의 일을 계속하시기 때문이다(요 14:16~20).

▶ 성령님은 예수님이 십자가에 죽으심과 부활을 통하여 이루어 놓으신 구속의 은혜를 증거하고(요 15:26), 가르치며(요 16:13~14), 시인하게 하신다(고전 12:3).

• 예수님은 자신(그리스도)의 영, 곧 성령님을 보내셔서 그의 말씀이 참되다는 것을 보여주셨다.

*** 로마서 8:9**
"만일 너희 속에 하나님의 영이 거하시면 너희가 육신에 있지 아니하고 영에 있나니 누구든지 그리스도의 영이 없으면 그리스도의 사람이 아니라"

2) 성령님의 속성을 나타내는 명칭

속성은 특징이나 성질을 의미하는데, 성령님은 영광과 거룩함의 속성을 지니고 계신다.

(1) 영광의 영(요 16:13~14; 벧전 4:14)

- 성령님은 예수 그리스도를 영화롭게 하신다.

- 그리스도를 위해 핍박받는 성도의 고난은 복된 것인데, 그 이유는 성령님이 영광의 영으로 핍박받는 성도 위에 계시기 때문이다.

(2) 성결의 영(롬 1:4; 엡 5:18)

- 성령님은 성도를 거룩하게 하고 성화의 삶을 살도록 인도하는 하나님의 거룩한 영이시다.
  ▶ 성도는 성령의 충만함으로 성결함을 입게 된다.

- 예수님은 다윗의 후손으로 오셨지만 성결한 영의 능력으로 죽은 자 가운데서 부활하셨다.

3) 성령님의 사역을 나타내는 명칭

(1) 생명의 영(롬 8:2)

- 그리스도 안에서 생명의 성령의 법은 육신의 법을 대신했기 때문에 성령님은 우리를 죽음에서 살리는 생명의 영이시다.

- 율법은 우리를 정죄로 이끌지만, 생명의 영이신 성령님은 우리로 하여금 그리스도의 의를 나타나게 하신다.

＊거룩
거룩은 히브리어로 '카도쉬', 헬라어로 '하기오스'라고 한다. 뜻은 구별되고 분리된다는 것으로, 어떤 것이 하나님의 것으로 구별되어 성스러운 상태가 되는 것을 말한다.

＊다윗의 후손(자손)
신약에서는 특히 메시아를 가리키는 표현으로 사용되고 있다.
다윗의 자손 요셉에 대하여(마 1:20; 눅 1:27), 메시아로서 예수님에 대하여(마 1:1; 막 10:47~48; 눅 18:38) '다윗의 후손'이란 호칭을 붙이고 있다.

＊로마서 8:2
"이는 그리스도 예수 안에 있는 생명의 성령의 법이 죄와 사망의 법에서 너를 해방하였음이라"

(2) 진리의 영(요 14:17)

- 인간은 단편적인 지식만을 파악하지만, 성령님은 온전한 진리에 도달할 수 있게 하는 진리의 영이시다(요 15:26).
  ▶ 성령님은 진리의 영이기 때문에 인간으로 하여금 궁극적 진리인 '예수님의 구세주 되심'을 깨닫게 하신다.

- 진리의 영은 인간의 구속사 사건들을 정확히 해석하여 예수님을 구원자로 증거하게 하신다(요 15:26, 16:13).

(3) 보혜사(요 14:16)

- 보혜사의 문자적인 의미는 '곤궁에 처한 사람을 도와주기 위해 부름을 받고 곁에서 도와주는 자', '어려움 가운데 있는 사람을 위하여 변호하는 자', '대적을 물리치고 승리를 가져다주는 협력자' 등이다.

- 보혜사는 크게 다섯 가지의 역할을 수행한다.
  ▶ 보혜사로 번역되는 헬라어 '파라클레토스'(ὁ παράκλητος)는 다양한 뜻을 갖고 있으며, 그에 부합하는 다양한 역할을 수행한다.

*** 구속사(救贖史)**

창세 전부터 정하신 하나님의 작정에 따라 예수 그리스도의 죽으심과 부활을 중심으로 타락한 죄인이 구원받는 전(全) 역사를 가리킨다.

보다 폭넓은 의미에서 구속사를 정의하자면, 인류의 시조 아담과 하와의 타락으로 말미암아 잃어버렸던 낙원의 회복을 위해 인류와 만물을 새롭게 하시려는 하나님의 경륜(經綸)이라고 할 수 있다.

'구속사'에서 '구속'은 '해방'과 같은 뜻으로, 죄라는 속박으로부터 그 값을 주고 풀려나 자유롭게 되는 구원(救援, salvation)을 말한다. 따라서 구속은 반드시 어떤 대가의 지불을 전제한다. 죄의 결과인 사망(롬 6:23)의 값을 우리 대신 지불하고 구속을 이룬 분은 오직 예수 그리스도 한 분 뿐이시다(마 20:28).

	역 할	의 미	참고 구절
1	**돕는 자**(helper)	• 성령님은 우리의 영혼육을 돕기 위해 우리 곁에 와 계신 분이다. • 성도가 하나님의 사역을 감당할 때 능력으로 나타나신다.	롬 8:26
2	**교사**(teacher)	• 성도의 삶을 풍성하게 하기 위해 필요한 것을 가르치고 생각나게 하신다. • 성령님은 탁월한 교사이시다.	요 14:26 요일 2:27
3	**위로자**(comforter)	• 성령님은 슬픔과 고통에 처할 때 세상이 줄 수 없는 위로를 주신다. • 성령님의 위로하심은 어떤 괴로움 가운데서도 마음에 평화를 주신다.	행 9:31
4	**대언자**(advocate)	• 우리가 너무 막막하여 기도할 수 없을 때 성령님이 말할 수 없는 탄식으로 우리를 위하여 친히 간구하신다. • 하늘나라의 말인 방언 기도를 하면 그 가운데 성령님이 기도를 인도해 주신다.	롬 8:26
5	**상담자**(counselor)	• 세상의 어떤 상담자보다 성령님은 우리의 모든 문제를 소상하게 상담해 주신다. • 성령님은 우리를 진리 가운데 인도하심으로 번민과 방황으로부터 자유와 평안과 승리를 주신다.	요 16:13

3. 성령님의 상징

상징(symbol)은 이해하기 어려운 진리를 강조하고 설명하기 위하여 사용된다. 성경에 나타난 성령에 대한 상징과 그 의미를 살펴본다.

*** 상징(symbol)**
추상적인 사실이나 생각을 대표적인 기호나 구체적인 사물로 나타내는 것을 말한다.

1) 물(요 7:38~39)

	상 징	내 용	참고 구절
1	생명	• 물이 생명을 살리는 활력소로써 자연, 생물, 사람에게 절대적으로 필요한 요소인 것처럼, 성령님은 죽은 심령을 생수로 소생시켜 주신다. • 물이 육체의 생명을 유지하는데 꼭 필요한 요소인 것처럼 성령님은 영적인 생명 유지에 필수 불가결하다. • 영적 삶도 성령으로 거듭나고, 성령을 끊임없이 마심으로 영적 생명을 유지하게 되며, 생기가 넘치고 목마르지 아니하는 만족스러운 삶을 살게 된다.	요 3:5 고전 12:13 요 4:13~14
2	심판의 도구	• 물은 우리를 살리는 역할도 하지만, 때로는 홍수로 변하여 하나님의 심판 도구로 사용되기도 한다. • 물은 불순종하고 거역하는 자들에게 심판의 도구가 된다. 노아 시대의 홍수와 바로와 그 군대의 홍해 심판처럼, 물은 죄악을 심판하는 도구로 쓰인다.	행 5:1~10 창 7장 출 14:28
3	세척	• 물은 우리의 몸과 환경을 씻어 정결하게 하듯이, 성령님 역시 우리의 죄를 깨끗하게 씻는 일을 하신다. • 성령님에 의해 우리의 삶에 불순물과 더러움이 제거되고 청결하게 된다.	고전 6:11 엡 5:26 갈 5:16~17 딛 3:5

2) 불(마 3:11)

	상 징	내 용	참고 구절
1	소멸	• 불이 모든 것을 태울 수 있듯이, 성령님도 우리에게 오셔서 우리 속에 있는 모든 더러운 죄악을 태우신다. • 불이 살아 있는 병균을 '소멸(燒滅)'하는 능력이 있듯이, 우리 속의 사탄을 소멸하는 제일 좋은 방법은 성령님의 불을 받는 것이다.	사 4:4
2	하나님의 임재	• 불이 어둠 속에 밝은 빛을 공급하듯이, 성령님의 불은 어두움이 가득 찬 이 세상으로 하나님이 임재하게 하시고 영생과 천국의 비밀을 밝히 비춰 주신다. • 모세는 호렙산에서 불타는 떨기나무 가운데 말씀하시는 하나님을 만났고, 엘리야는 갈멜산의 제단에 불로 응답하시는 하나님을 만났다.	출 3:1~5 왕상 18장
3	따뜻함	• 성령님이 임재하시면 우리의 마음이 뜨거워지므로 하나님이 주신 사명에 열심히 임하게 된다. • 불이 추운 공간을 따뜻하게 하듯이 성령님은 냉랭한 공동체를 따뜻하게 하신다.	행 20:24 벧전 1:22
4	힘	• 오늘날 우리가 사용하는 자동차, 배, 비행기와 같은 교통수단은 모두 불의 동력을 이용하는 것처럼 성령님은 성도의 신앙생활에 필요한 능력을 주신다. • 예수님의 제자들이 마가의 다락방에서 간절히 기도할 때 불의 혀같이 갈라지는 것이 그들 위에 임하므로 성령충만을 받자 땅 끝까지 그리스도의 증인이 되는 능력을 얻게 되었다.	행 1:8, 2:1~4

3) 바람(요 3:8)

	상 징	내 용	참고 구절
1	함께하심	• 바람이 언제, 어느 곳에나 존재하듯이 성령님은 시공간을 초월하여 성도와 함께하신다.	행 2:2
2	능력(파괴력)	• 초대형 태풍이 강하게 불면 바람이 지나간 곳은 초토화가 된다. 태풍같은 성령님의 바람이 불면 인간 속에 있는 모든 인본주의가 무너지고 신본주의로 돌아서게 된다. • 죄인의 강퍅한 마음이 깨어져서 예수님을 구주로 고백하게 된다.	시 77:18 잠 10:25 사 29:6 렘 23:19, 30:23
3	임의 이동	• 바람이 임의로 부는 방향을 마음대로 조절할 수 없듯이 성령님의 사역도 자주적이며 주권적이다.	전 1:6 요 3:8
4	보이지 않음	• 바람은 눈에 보이지 않지만 흔들리는 촛불을 보고 그 존재를 알 수 있듯이, 성령님은 눈에 보이지 않지만 역사하는 기적과 이사(異事)를 통하여 알 수 있다.	요 3:8
5	공기의 순환	• 바람이 침체된 공기를 순환시켜 주듯이, 성령님이 임하시면 우리 영혼육의 침체된 분위기를 활기차고 생명력 있게 바꾸어 주신다.	사 41:16, 57:13
6	공기의 흐름	• 육은 호흡을 통해 산소를 마셔야만 생명을 유지할 수 있다. • 영혼도 영적 호흡인 기도를 통해 성령님과 교제해야만 살아 있는 그리스도인이 될 수 있다.	행 2:2

4) 비둘기(요 1:32)

	상 징	내 용	참고 구절
1	평화	• 노아 시대 홍수의 결과를 알기 위하여 풀어 놓았던 비둘기가 방주로 돌아오듯이, 성령님의 임재는 하나님의 심판 대신 하나님과의 평화를 가지고 돌아온다. • 성령님이 임하시면 심판에 이르지 않고, 하나님과 더불어 화평을 누리게 된다.	요 5:24 롬 5:1
2	온유와 겸손	• 예수님이 인간인 침례 요한에게 침례를 받으실 때 임한 비둘기는 예수님의 온유와 겸손을 상징하듯이, 성령님이 우리에게 임하시면 온유한 성품과 겸손한 마음을 지니게 된다.	막 1:10
3	순결	• 순결을 상징하는 비둘기같이, 성령님은 순결하고 거룩한 영으로 더러운 심령을 회개하게 하신다.	마 10:16
4	떠남	• 비둘기는 귀찮게 하면 떠나듯이 우리가 성령님을 근심시키면 성령님의 역사는 소멸된다.	엡 4:30

5) 인(印)(엡 1:13)

	상 징	내 용	참고 구절
1	소유권 표시	• 서류나 물건에 도장을 찍는 것은 도장을 찍은 사람의 소유권을 의미하는데, 하나님은 우리에게 성령으로 인을 쳐 하나님의 자녀 됨을 표시하신다. • 성령님의 인침을 받은 우리는 하나님의 소유된 백성이 된다.	고후 1:22 계 9:4
2	인봉(印封)	• 선거를 마치고 투표함의 투입구를 봉하고 도장을 찍으면 어느 누구도 함부로 손을 댈 수 없듯이 우리가 성령의 인치심을 받으면, 우리는 사탄의 공격으로부터 보호를 받게 된다.	마 27:66 계 5:9, 10:4, 20:3
3	권위 표시	• 졸업증서나 증명서에 학교장이나 단체장의 도장이 찍혀 있지 않으면, 무효이듯이 성도는 성령님의 인침을 받아야 하나님의 자녀로서 권세를 갖는다. • 이 권위의 표시가 있을 때 하나님의 일을 능력 있게 행할 수 있다.	에 3:12

6) 보증(고후 1:22)

	상 징	내 용	참고 구절
1	책임과 의무	• 집이나 땅을 살 때 친구나 친척이 보증을 서면, 구입자가 다하지 못한 책임과 의무를 보증인이 대신 맡게 된다. 이처럼 성령님이 예수님의 보혈로 우리의 구원을 보증하신다는 것은 성령님의 우리를 향한 책임과 의무를 다하심으로 끝까지 책임져 주신다는 것을 의미한다.	갈 5:16~17
2	보증서	• 금이나 다이아몬드의 보증서는 그 반지의 가치를 보증한다는 판매자의 선언서이다. 우리가 하나님의 자녀가 된 것을 성령님이 보증하시면, 우리가 하나님의 자녀라는 것을 선포하는 것이다.	고후 5:5

7) 옷 입힘(눅 24:49)

	상 징	내 용	참고 구절
1	능력	• 왕이 용포를 입으면 왕으로서 권세가 드러나듯이 우리가 성령의 두루마기를 입으면 성령님의 권세와 능력으로 옷 입게 된다. • 예수 그리스도의 옷을 입으면 그리스도의 능력으로 세상 정욕을 위해 육신의 일을 도모하지 않게 된다.	롬 13:14
2	보호	• 옷 입힘은 하나님이 에덴동산에서 쫓겨난 아담과 하와에게 가죽옷을 지어 입히시고 보호하신 것과 같이, 성령님이 우리를 위기에서 구하여 주시고 안전히 거하게 하신다는 것을 의미한다.	창 3:21
3	소속	• 교복을 입으면 학생, 군복을 입으면 군인, 가운을 입으면 의사나 간호사인 것처럼 옷차림이 소속을 표시하듯이 성령님의 옷 입히심은 성도가 하나님에게 속하였다는 것을 상징한다. • 침례를 받음으로 성도는 그리스도의 옷을 입어 그리스도에게 속하게 된다.	갈 3:27

8) 기름(요일 2:27)

	상 징	내 용	참고 구절
1	거룩하게 구별함	• 구약에서 하나님은 거룩한 물건마다 기름을 발라 두게 하셨고, 하나님이 세우실 왕, 제사장, 선지자에게 기름을 부어 거룩하게 구별하셨다. • 신약에서 성령으로 기름부음을 받으면, 세상으로부터 분리된 택하신 족속이요, 왕같은 제사장이요, 거룩한 나라요, 그의 소유된 백성이 된다.	출 30:25~29 삼상 16:13 벧전 2:9
2	불을 밝힘	• 기름이 불을 밝히는 것처럼 성령님도 우리의 영혼을 조명하심으로 하나님을 알게 하시고 죄를 깨닫게 하신다.	마 25:4 벧후 1:19~21
3	윤활 작용	• 잘 돌아가지 않는 기계에 기름을 바르면 부드럽게 되듯이 성령님이 임재하시면 우리의 완악한 심령이 유순하게 된다. • 기름같이 부드러운 성령님은 갈등과 문제투성이인 우리의 환경에 원만함과 화평을 가져다주신다.	삿 9:9
4	식용과 영양제	• 인간의 중요한 3대 영양소는 탄수화물, 단백질, 지방(기름)이다. 이 균형이 깨지면 건강에 이상이 오듯이 기름은 식용과 영양제로써 꼭 필요한 요소이다. • 우리가 영적 영양분과 같은 성령님을 모실 때 신앙생활에 균형과 건강을 유지하게 된다.	왕상 17:12 겔 16:13
5	상처 치료	• 선한 사마리아인의 비유에서 보듯이 기름은 사람의 상처를 치료한다. • 성령님은 우리 심신의 상처를 치료하시는 하나님이시다.	눅 10:34

성령님의 명칭과 상징을 통해 그분과 인격적인 깊은 교제를 나누게 되면, 우리는 하나님의 풍성한 은혜를 체험하게 되고 우리의 삶 속에 다양한 성령의 역사가 나타나게 된다.

THE HOLY SPIRIT AND MAN

12과

성경시대의 성령님의 역할

1. 창조에 있어서 성령님의 역할

1) 천지와 인간 창조

2) 피조물의 보존과 새롭게 하심

2. 성경과 관련된 성령님의 역할

1) 성경을 기록하게 하신 성령님

2) 성경의 해석자이신 성령님

3. 구약시대의 성령님 역할

1) 죄의 지적과 형벌

2) 죄의 회개와 회복

3) 지혜와 명철을 주심

4) 지도력을 주심

5) 메시아 강림의 예언

4. 신약시대의 성령님 역할

1) 예수님과 관련된 성령님의 역할

2) 초대교회에 나타난 성령님의 역할

THE HOLY SPIRIT AND MAN

12과

성경시대의 성령님의 역할

1. 창조에 있어서 성령님의 역할

1) 천지와 인간 창조

성령 하나님은 일하는 분이시다. 성령 하나님은 성부 하나님과 성자 예수님과 더불어 태초의 천지 창조에 관여하셨다.

(1) 천지 창조와 성령님

"태초에 하나님이 천지를 창조하시니라 땅이 혼돈하고 공허하며 흑암이 깊음 위에 있고 하나님의 영은 수면 위에 운행하시니라"(창 1:1~2)

• 창세기 1장 1절의 하나님은 히브리어 엘로힘(אֱלֹהִים)으로 표현된 복수형으로 성부, 성자, 성령 삼위일체 하나님을 나타낸다.

• 성부 하나님이 하늘과 땅과 바다를 지으실 때, 성령님이 수면 위를 운행하심으로 혼돈하

＊천지 창조(창 1:3~31)
1. 첫째 날 : 빛
2. 둘째 날 : 궁창
3. 셋째 날 : 바다, 땅, 식물
4. 넷째 날 : 해, 달, 별
5. 다섯째 날 : 어류, 조류, 땅, 짐승
6. 여섯째 날 : 사람
7. 일곱째 날 : 안식

고 공허한 땅에 생명력을 불어넣어 주셨다(창 1:2).

▶ 성령의 역사로 흑암이 가득하고 혼돈과 공허함 속에 있던 땅이 질서와 조화의 모습을 찾게 되었다.

▶ '운행하시니라'의 뜻은 비둘기가 둥지의 알을 품는 것처럼 필요한 열기를 알에게 전달하여 어린 생명을 탄생시키는 것과 같다.

- 야훼 하나님이 '입의 기운'(breath)으로 만물을 지으셨는데(시 33:6), 이 단어('입의 기운')가 하나님의 영(창 1:2)과 동일하다. 즉, 성령님에 의하여 만물이 창조되었다.

(2) 인간 창조와 성령님

"하나님이 이르시되 우리의 형상을 따라 우리의 모양대로 우리가 사람을 만들고 그들로 바다의 물고기와 하늘의 새와 가축과 온 땅과 땅에 기는 모든 것을 다스리게 하자"(창 1:26)

- 하나님의 창조사역의 절정은 인간 창조 속에서 이루어졌다.

▶ 성경은 삼위일체 하나님의 형상과 모양이 인간의 영적, 도덕적 속성과 관계가 있음을 보여준다(엡 3:16, 4:24).

＊에베소서 3:16
"그의 영광의 풍성함을 따라 그의 성령으로 말미암아 너희 속사람을 능력으로 강건하게 하시오며"

• 성령님은 천지 창조(창 1:2)에 관여하셨을 뿐만 아니라 인간 창조(창 1:26)에도 관여하셨음을 알 수 있다.

• 성경은 인간 특성의 상이한 두 요소, 즉 신체의 기원과 영혼의 기원을 분명히 구분하고 있다(창 2:7).

▶ 신체의 창조는 하나님이 기존에 창조하셨던 땅의 흙(dust)이라는 재료를 사용하셨다.

▶ 영혼의 창조는 기존의 재료가 아닌 새로운 실체의 산출이었다.

• 야훼 하나님이 땅의 흙으로 사람을 지으시고 '생기'(breath of life)를 그 코에 불어넣으시니 사람이 '생령'(living soul)이 되었다.

▶ '하나님의 성령'과 '하나님의 생기'는 동일한 것으로 성령님은 생명의 수여자로서 생명과 관련이 있다.

▶ 성령님은 생명을 모든 피조물에게 나누어 주지만 특별히 인간의 생명에 있어서 특별한 중요성과 특질을 부여하신다.

2) 피조물의 보존과 새롭게 하심

인간의 타락은 영적인 영역에서 뿐만 아니라 인간의 범사와 육신의 건강에 있어서도 치명적

*** 생령(창 2:7)**
'살아있는 자'라는 뜻으로, 하나님이 흙으로 만든 사람의 코에 그 생기(生氣)를 불어넣어 주시므로 '산 자가 되었다'에서 쓰였다.

*** 보존**
하나님은 잠시도 쉬지 않고 활동하는데, 친히 하나님이 만드신 모든 것을 그 특성과 능력을 통해 존속하도록 유지시키시는 행위를 말한다.

인 결과를 가져왔다. 인간은 하나님으로부터 분리되면서 사망의 운명에 처하게 되었다. 그러나 인간이 죄를 지었음에도 불구하고 하나님은 여전히 인간을 사랑하시고, 구속과 온전한 회복을 위한 계획을 세우셨다.

인간을 구속하고 회복하시는 하나님의 영으로서 성령님은 인간의 육적, 영적, 생명의 보존 사역을 하신다. 무엇보다 성령님의 역할은 타락하여 사망에 이른 인간의 구원을 위해 섭리하고 역사하는 것이다. 성령님은 성자 예수님과 함께 역사하셔서(골 1:17) 인간에게 새 생명을 부여할 뿐만 아니라 자연적 영역에서도 그 회복을 위한 생명의 역사를 담당하신다. 그리고 성령님은 우주 창조에 참여하셨을 뿐만 아니라, 창조된 우주를 보존하고 새롭게 하신다.

＊섭리(攝理)
섭리는 본래 종교, 특히 기독교에서 사랑으로 가득 찬 전지전능한 신이 세계의 사건들을 '관장하는(vorsehen)' 것, 즉 신이 인류의 구원을 향해 인간을 대신하여 세계를 질서정연하게 다스리는 것을 의미한다.

2. 성경과 관련된 성령님의 역할

하나님은 각 시대의 사람들에게 성령의 감동 감화를 주심으로 그의 뜻을 알리셨다. 성령님은 하나님의 뜻을 알리기 위해 사람들을 감동시켰고 하나님의 말씀을 기록하게 하셨다(딤후 3:16).

＊디모데후서 3:16
"모든 성경은 하나님의 감동으로 된 것으로 교훈과 책망과 바르게 함과 의로 교육하기에 유익하니"

1) 성경을 기록하게 하신 성령님

하나님의 말씀인 성경은 다양한 사람들, 예를 들면 왕, 정치가, 군인, 제사장, 노동자, 농부, 시인, 어부, 사업가 등의 직업을 가진 사람들이 성령의 감동을 받아 기록하였다. 다양한 직업을 가진 저자들이 수천 년의 시간에 걸쳐 기록하였음에도 성경은 놀라울 정도로 통일성을 유지한다. 이는 성령님이 성경 기록에 함께 역사하셨음을 의미한다.

성경의 분명한 한 가지 주제는 하나님의 아들 예수님이 인간의 죄를 위해 대속제물이 되셨고, 그를 믿는 자는 누구든지 구원을 받는다는 것이다. 이처럼 성경은 일목요연한 하나의 주제를 지니고 있으며, 또한 성령의 감동하심을 입은 사람이 기록했기 때문에 성경의 저자는 성령님이시다.

(1) 구약의 증거

- 오경의 저자 모세가 시내산에서 하나님의 부르심을 받고, 이스라엘 백성을 인도한 후, 죽을 때까지 하나님은 그에게 계속해서 말씀하셨다(출 3:14; 신 32:48).

- 역사서에서 다윗은 "야훼의 영이 나를 통하여 말씀하셨다"고 했고, "그 말씀이 내 혀에 있도다"(삼하 23:2)라고 고백한 것은 그의 입술

＊감동
일반적으로 어떤 일을 보고 들어서 마음을 깊이 움직이는 것으로, 성경에서는 하나님의 영에 의한 자극이나 격려를 가리킨다. 대체로 하나님의 감동 또는 성령님의 감동이라는 표현을 쓴다.

＊사무엘하 23:2
"야훼의 영이 나를 통하여 말씀하심이여 그의 말씀이 내 혀에 있도다"

이 성령님의 도구로 쓰였던 것을 말한다.

• 구약의 선지자들은 모두 성령의 감동하심을 받아 하나님의 말씀을 기록하였다(사 8:1, 59:21; 렘 1:9, 2:1; 겔 6:1, 11:14).

(2) 신약의 증거

• 성령님은 신약의 기록에도 감동을 통하여 직접 관여하셨다(딤후 3:15~17).

▶ 복음서에서 예수님의 탄생과 사역에 성령님의 역사하시고 말씀하시는 것을 목격할 수 있다.

▶ 사도행전에서 바울의 선교사역을 기록한 누가는 항상 "성령이 이르시되(말씀하시되)"(눅 1:67; 행 13:2)와 같이 성령님의 지시하심을 기록하고 있다.

▶ 서신서에서도 바울은 "성령이 증언하신다"(롬 8:16; 히 2:4, 10:15), "성령이 간구하신다"(롬 8:27), "성령이 말씀하신다"(딤전 4:1)라고 표현한다.

▶ 계시록에서 요한은 "성령이 이르시되"(계 14:13)라고 기록하고 있다.

• 성령님의 영감을 받아 기록한 말씀에 일점일획도 가감할 수 없으며, 이 말씀 외에 또 다른 성경이 존재할 수 없다(계 22:18~19).

＊예레미야 1:9
"야훼께서 그의 손을 내밀어 내 입에 대시며 야훼께서 내게 이르시되 보라 내가 내 말을 네 입에 두었노라"

＊누가복음 1:67
"그 부친 사가랴가 성령의 충만함을 받아 예언하여 이르되"

2) 성경의 해석자이신 성령님

성경의 저자되신 성령님은 기록된 말씀의 뜻을 우리에게 설명하고 해석해 주신다. 성령님은 하나님의 깊은 것까지도 통달하는 분이시기에 우리는 성령님이 해석해 주실 때만 성경의 진정한 의미를 알 수 있다. 뿐만 아니라 성령님이 우리에게 모든 것을 가르치시고, 예수님이 우리에게 말한 모든 것을 생각나게 하신다(요 14:26).

3. 구약시대의 성령님 역할

구약에는 많은 믿음의 조상이 등장하고 있는데, 성령님은 그들에게 하나님이 맡기신 사명을 잘 감당하도록 역사하셨다.

1) 죄의 지적과 형벌

인간이 하나님의 뜻을 무시하고 죄악을 행한다면 성령님은 그로부터 떠나신다(창 6:3). 성령님이 떠나시면 인간은 죄와 형벌과 심판 가운데 처하게 된다.

성령님은 이러한 사람들 가운데 관여하셔서 그들의 죄를 지적하고 억제하셨다. 성령님의 죄

＊성경의 해석자 성령님

"모든 성경은 하나님의 감동으로 된 것으로 교훈과 책망과 바르게 함과 의로 교육하기에 유익하니"(딤후 3:16)

성령님은 성경의 저자이기 때문에 자연히 성경의 해석자가 되신다. 따라서 성령님의 조명(비추어 주심) 없이는 성경의 이해는 불가능하다.

＊요한복음 14:26

"보혜사 곧 아버지께서 내 이름으로 보내실 성령 그가 너희에게 모든 것을 가르치고 내가 너희에게 말한 모든 것을 생각나게 하리라"

＊창세기 6:3

"야훼께서 이르시되 나의 영이 영원히 사람과 함께하지 아니하리니 이는 그들이 육신이 됨이라 그러나 그들의 날은 백이십 년이 되리라 하시니라"

의 지적과 형벌은 죄를 억제하는 사역으로 모든 시대에 걸쳐서 동일하게 나타난다(삼후 2:7).

2) 죄의 회개와 회복

이스라엘 백성이 죄를 지어 바벨론 포로로 잡혀 가게 되었으나 그곳에서 철저히 죄를 회개하였을 때 성령님은 그들을 위로해 주시고 포로 신분으로부터 자유하게 하셨다.

이스라엘 백성이 고향으로 돌아왔을 때, 성령님은 선지자 스가랴와 학개를 통하여 영적으로 침체되어 있는 그들에게 성전을 재건하게 하심으로써 하나님이 그들과 함께하신다는 사실을 알게 하셨고, 놀라운 회복이 은혜를 허락해 주셨다(학 2:5; 대하 24:20).

3) 지혜와 명철을 주심

성령님이 이스라엘 백성에게 지혜와 명철을 주셔서 하나님의 뜻을 알게 하고 그 뜻 가운데 행하게 하셨다. 예를 들면, 요셉은 성령님의 감동으로 뛰어난 지혜와 명철을 얻어 바로의 꿈을 명쾌하게 해석했고 애굽을 훌륭하게 다스렸다. 성막을 짓게 되었을 때, 하나님은 브살렐과 오홀리압을 부르고 그들로 하여금 성령님으로 충만하게 하여 하나님의 뜻 가운데 성막을 제작하

*** 스가랴**

성경에 여러 명의 스가랴가 있지만 여기에서는 바벨론에서 귀환한 제사장 잇도의 손자를 말한다.

그가 귀환하기 20년 전에 성전은 검게 그을린 채로 남아 있었고, 용기를 잃은 백성은 어떻게 복구해야 할 바를 알지 못했다. 위급한 때에 하나님의 영이 스가랴와 학개에게 임하여 성전을 재건하게 하셨다. 두 사람이 거의 같은 때에 예언했다(슥 1:1~6).

*** 학개**

학개는 B.C. 520년에 유대인에게 보내진 야훼의 선지자이다. 그는 포로시대 직후에 살았고, 스룹바벨과 동시대 사람이다(학 1:1; 슥 1:1).

이스라엘 백성이 바벨론에서 귀환하여 하나님의 성전 대신 '분향할 제단'을 세웠을 때, 유대인을 돕고 그들에게 용기를 주어 성전 건축을 계속하게 했으며, 방해 세력의 훼방을 멈추도록 했다.

도록 하셨다(출 31:1~6). 다윗은 그의 아들 솔로몬에게 그가 하나님으로부터 받은 영감으로 성전의 모든 구조와 모양을 가르쳐 주었다(대상 28:12). 이처럼 구약시대에 성령님은 하나님의 종이 슬기롭게 사역을 수행하도록 지혜와 명철을 허락하셨다.

4) 지도력을 주심

하나님은 이스라엘의 지도자들이 하나님의 성령으로 충만하게 하셔서, 놀라운 지도력으로 백성을 다스리게 하셨다. 성령님은 택하신 하나님의 종으로 하여금 하나님의 뜻에 따라 이스라엘 백성을 다스리도록 인도하셨다.

모세에게 '하나님의 신'이 임하므로 이스라엘 백성을 가나안 땅으로 인도하게 하셨으며, 특히 그를 도울 70인의 장로를 세우시고 그들에게 '하나님의 신'을 부어 주심으로 모세를 돕는 지도력을 주셨다(민 11:25). 하나님은 모세의 후계자 여호수아에게도 성령충만한 능력으로 지도자의 역할을 잘 수행할 수 있게 하셨다(신 34:9). 또한 하나님은 사사를 세워 성령에 의한 탁월한 지도력으로 이스라엘 백성을 구원하게 하셨다(삿 3:8~10, 6:34, 11:29). 왕들에게도 성령님이 임하여 백성을 잘 통치할 수 있었다(삼상 1:9~10, 16:13).

5) 메시아 강림의 예언

구약의 선지자들은 이스라엘을 구원하기 위한 메시아의 강림을 예언하였는데 그들의 예언에는 항상 성령님의 역사하심이 있었다(창 49:10; 사 11:1~9; 렘 33:15~17; 미 5:2; 슥 9:9).

특히 이사야 선지자는 메시아 탄생에 대해 "보라 처녀가 잉태하여 아들을 낳을 것이요 그의 이름을 임마누엘이라 하리라"(사 7:14)고 보다 분명하게 예언하였으며, 메시아에게는 장차 '지혜와 총명의 신'과 '모략과 재능의 신'이 임하게 되리라고 예언하였다(사 11:1~2).

＊메시아(삼상 2:10; 요 1:41)

1. 기름 부음을 받은 자
2. 하나님의 영이 임한 자
3. 성별(구별)된 자
   ① 제사장
   ② 이스라엘 왕
   ③ 선지자

히브리어인 메시아는 헬라어로 '그리스도'라고 부르는데 '기름 부음을 받은 자'란 의미이다.

4. 신약시대의 성령님 역할

1) 예수님과 관련된 성령님의 역할

예수님의 잉태, 탄생, 사역, 죽음, 부활에 이르는 지상 사역 전 과정에 성령님이 관여하셨음을 알 수 있다. 예수님이 땅에서 행하신 말씀의 선포, 가르침 그리고 병 고침에는 언제나 성령님의 임재와 능력의 역사하심이 있었다.

(1) 성령으로 잉태하심

• 예수님이 동정녀 마리아에게 잉태되었을 때 주의 사자가 요셉에게 "그에게 잉태된 자는 성령으로 된 것이라"(마 1:20)는 소식을 전하여 주었다. 이는 예수님의 잉태가 성령으로 인하였음을 확인시켜 준다.

• 성령으로 인한 잉태와 동정녀에서의 탄생은 복음의 중요한 부분을 이루는 것으로 하나님이 인간의 역사 속에 친히 내려오셔서 그의 구원의 계획을 이루실 특별한 일을 하신 것이다.

▶ 예수님이 성령으로 잉태되었다는 것은 인간의 죄와는 상관없이 출생하셨음을 의미한다(히 4:15).

(2) 비둘기같이 성령이 임하심

• 침례 요한은 회개를 위하여 물침례를 베풀었는데(마 3:11), 죄 없으신 예수님도 물침례를 받으셨다(마 3:13~17).

▶ 예수님이 침례를 받으시는 이유는 모든 죄인의 대속자로서 하나님의 뜻을 이루고(마 3:15), 이를 성취하는 첫걸음이기 때문이다.

▶ 예수님이 침례를 통하여 이루신 모든 의는 우리에게 돌아오고, 우리를 위해 율법을 완성시키신 것이다.

＊마태복음 3:11
"나는 너희로 회개하게 하기 위하여 물로 침례를 베풀거니와 내 뒤에 오시는 이는 나보다 능력이 많으시니 나는 그의 신을 들기도 감당하지 못하겠노라 그는 성령과 불로 너희에게 침례를 베푸실 것이요"

＊마태복음 3:16~17
"예수께서 침례를 받으시고 곧 물에서 올라오실새 하늘이 열리고 하나님의 성령이 비둘기 같이 내려 자기 위에 임하심을 보시더니 하늘로부터 소리가 있어 말씀하시되 이는 내 사랑하는 아들이요 내 기뻐하는 자라 하시니라"

• 예수님이 침례를 받으실 때 성령이 비둘기같이 임했다는 것(마 3:17)은 다음의 사실을 말해준다.

▶ 예수님이 만세 전부터 하나님의 아들이심을 선포하는 것이다.

▶ 예수님이 이제부터 공식적으로 메시아 직임을 세상에서 수행하신다는 것에 대한 선언이다.

(3) 성령님의 인도를 받으심

• 예수님이 40일을 주야로 금식하신 후에 성령님에 이끌리어 광야에 가셔서 시험을 받으셨다(마 4:1; 눅 4:1).

• 예수님은 시험을 받으실 때, 자신의 신적 권위를 사용하지 않으시고 성령님의 기름부음받은 말씀으로 사탄을 물리치셨다.

▶ 하나님의 신에 충만한 미가 선지자(미 3:8)가 백성의 죄에 대해 담대히 꾸짖을 수 있었던 것처럼 성령충만한 예수님도 죄와 사탄을 물리치고 승리하실 수 있었다.

(4) 성령님의 능력으로 사역하심

• 예수님이 성령님의 능력으로 가르치실 때, 사람들은 서기관들이 가르칠 때에 느끼지 못했던 권위를 느꼈다(눅 4:32).

• 예수님은 성령님의 능력으로 많은 병든 자를 고치시고 사탄을 쫓아내셨으며, 많은 이적을 행하셨다(마 12:15).

• 예수님은 성령의 능력으로 기뻐하시고(눅 10:21), 하나님에게 감사하셨다.

(5) 성령침례자로서 예수님

• 사복음서의 저자들은 모두 장차 오실 분(예수님)이 성령으로 침례를 주실 분이라는 침례 요한의 예언을 기록하고 있다(마 3:11; 막 1:8; 눅 3:16; 요 1:33).

• 침례 요한은 성령침례와 불침례의 시기를 구분하지 않았지만(마 3:11), 예수님은 그 시기를 구분하셨다(행 1:5).

2) 초대교회에 나타난 성령님의 역할

예수님이 부활 승천하신 후 오순절 날 약속하신 성령님이 강림하심으로 교회가 탄생하게 되었다. 교회를 탄생하게 하신 하나님은 성령님을 통해 인간의 몸을 성전 삼고 우리 가운데 거하신다.

(1) 오순절 성령강림

- 예수님이 승천하신 후 제자들이 예수님의 말씀에 순종하여 예루살렘을 떠나지 않고 간절히 기도하자 그 열흘 후인 오순절 날에 성령님이 강림하셨다.
  - ▶ 제자들이 마가의 다락방에 모여서 기도할 때, 홀연히 하늘로부터 강한 바람같은 소리와 불의 혀같이 갈라지는 것이 각 사람 위에 머물렀다.

- 오순절 성령강림으로 모든 제자들이 성령침례를 받고 각종 방언을 말함(행 2:1~4)으로 다른 보혜사인 성령님을 보내시겠다는 예수님의 예언은 성취되었다(행 1:4~5).

(2) 오순절 성령강림 이후

- 오순절 성령강림 이후 탄생한 교회는 온갖 핍박과 환난에도 불구하고 성령님의 역사하심으로 더욱 부흥하였고 성도의 수도 계속 늘어나게 되었다.

- 스데반 순교와 성령의 역사
  - ▶ 교회의 여러 가지 사역으로 바빴던 사도들은 성령과 지혜가 충만한 일곱 집사를 택하여 교회의 구제 사역을 맡겼다.
  - ▶ 집사 중의 한 명인 스데반은 이스라엘 백

*** 강림(降臨)**
신이 이 땅에 내려와 임한다는 뜻으로 '성령님의 강림'과 '예수님의 강림'으로 언급되기도 한다. 예수님의 강림에는 초림과 재림이 있다.

*** 오순절**
'오십 번째 날'이라는 뜻을 가지고 있는데 구약에서 유대인은 칠칠절(출 34:22; 신 16:9~11) 또는 맥추절(출 23:16)이라고 불렀다. 산출 방법은 이스라엘의 해방절인 유월절에서 50일째 날이다. 신약에서 오순절은 그날을 기념하려고 모인 자들에게 성령이 임한 날이다.

*** 사도행전 1:5**
"요한은 물로 침례를 베풀었으나 너희는 몇 날이 못 되어 성령으로 침례를 받으리라 하셨느니라"

성의 형식적이고 위선적인 모습을 지적하면서, 예수 그리스도가 이스라엘의 메시아이심을 증거했다.

▶ 교회에 대한 핍박으로 순교한 스데반은 성령으로 충만하였기 때문에 자신을 죽이는 자들을 용서하는 기도를 드릴 수 있었다.

• 사마리아 선교와 성령의 역사

▶ 스데반 순교 이후 예루살렘 교회에 대한 심한 박해로 더 이상 예루살렘에 거할 수 없었던 많은 성도는 유대와 사마리아 각 지역으로 흩어지게 되었다(행 8:1~4).

▶ 핍박을 받은 성도는 더욱 간절한 기도로 성령충만을 받게 되었고, 복음은 사도들과 흩어진 성도를 통해 각 지역에 빠른 속도로 확산되었다.

▶ 일곱 집사 중 한 명인 빌립이 사마리아 지역에서 복음을 전할 때, 성령님의 역사하심으로 많은 사람에게 붙었던 더러운 귀신들이 쫓겨나가고 중풍병자와 앉은뱅이가 치유되는 역사가 나타났다.

▶ 빌립 집사를 통하여 사마리아에 복음이 전파된 후, 사도 베드로와 요한이 사마리아의 성도가 성령을 받도록 안수하자 많은 사람이 성령침례를 받았다(행 8:14~17).

＊유대
구약시대에 유대지파가 살던 지역이며 포로시기를 거쳐 신약시대에 이르기까지 이스라엘의 남반부 지역을 일컫는다.

＊사마리아
구약시대에 북이스라엘의 수도를 부르는 명칭이었으나, 신약시대에는 이스라엘의 중부지역을 일컬었다.

＊빌립
성경에는 여러 명의 빌립이 나오는데 여기서는 예수님의 제자 빌립이 아니라, 일곱 집사 중에 한 사람이다. 그는 "성령과 지혜가 충만하여 칭찬을 듣는 자"(행 6:2)였다.

• 빌립 집사의 에디오피아 내시 전도

▶ 빌립 집사가 사마리아에서 복음을 전하고 있을 때, 광야로 가라는 지시에 따라 그는 광야로 가게 되었다(행 8:26).

▶ 빌립 집사는 광야에서 에디오피아 여왕 간다게의 국고를 맡은 한 고관 내시를 만나 예수 그리스도에 대한 복음을 전했다(행 8:26).

▶ 빌립 집사는 내시의 요청으로 그에게 침례를 주었는데, 이 사건은 성령님이 복음 전파에 주권적으로 역사하고 계심을 보여 준다.

• 사울의 회심과 성령

▶ 유대교에 심취하여 그리스도인과 교회를 심하게 핍박했던 청년 사울에게 성령이 임하여 그를 회심시켰다.

▶ 사울은 팔레스타인에 사는 그리스도인은 물론 이웃 나라로 도망간 그리스도인까지 체포하기 위해 수리아로 갔다.

▶ 수리아로 가는 다메섹 도상에서 사울은 강한 빛 가운데 고꾸라졌고 부활하신 예수님을 만나 변화되었다(행 9:1~8).

▶ 사울은 아나니아의 안수를 받고 성령으로 충만한 뒤, 예수 그리스도를 위하여 목숨을 아끼지 않고 헌신했다(행 9:17, 20).

＊다메섹

4천년이 넘는 역사를 가지고 있으며, 해발 600m에 있는 시리아의 고대 성읍이다. 구약시대에 아람 다메섹이라고 불린 지역이다.

신약시대에는 사도 바울이 부활의 예수님을 만난 곳이며 현재는 회교도에게 점령되어 회교세계의 중심지가 되고 있다.

• 성령침례를 받은 최초의 이방인 고넬료

▶ 고넬료는 이스라엘을 식민지로 삼고 있던 로마의 장교였지만 하나님을 경외하는 가운데 백성을 구제하고 항상 기도하는 사람이었다(행 10:2).

▶ 베드로는 그의 집에서 성령님의 인도에 따라 예수님의 십자가 고난, 죽음, 부활 그리고 그분을 믿는 사람은 다 죄를 용서받는다는 사실을 증거하였다(행 10:34~43).

▶ 베드로의 설교를 들은 모든 사람에게 성령이 임하므로 그들이 방언을 말하고 하나님을 높였다(행 10:44~46).

• 에베소 성도에게 임한 성령

▶ 주님의 일꾼으로 거듭난 바울이 에베소에 가서 복음을 전했다. 바울이 에베소 성도에게 "너희가 믿을 때에 성령을 받았느냐" 라고 묻자 그들은 "우리는 성령이 있음도 듣지 못하였노라"고 했다.

▶ 바울이 예수님의 사역과 부활, 승천 그리고 약속하신 성령님을 전하고 안수하자 그들에게 성령님이 임하여 방언도 하고 예언도 하였다(행 19:6).

▶ 구약시대에 성령님은 소수의 사람에게만 역사하셨지만, 신약시대에는 예수 그리스도를 믿는 모든 성도에게 임하셨다.

*** 고넬료**

1. 이방인 최초로 성령침례 받음
2. 하나님이 기억하시는 자
3. 말씀을 사모하는 자
4. 겸손한 인품의 소유자
5. 경건한 생활의 모범적 신앙인
6. 로마 군대의 백부장
7. 진리 탐구에 열중한 자

*** 방언**

고린도전서 12장과 14장에 언급된 영적 은사이다. 성령침례를 받은 표적으로 오순절 날에 성령이 임하면서 나타났다.

*** 에베소**

고대 소아시아, 지금의 터키에 위치한 성읍으로 동방이교의 중심지가 되었다.

이 지역의 신은 아르테미스(로마 신화에서 디아나)라는 이름으로 그리스인에게 전수되었다. 그들의 신전에는 여사제(女司祭)인 창녀들이 신을 섬겼다.

THE
HOLY
SPIRIT
AND
MAN

13과

성령님의 사역

1. 모든 인류와 관련된 구원 사역

1) 그리스도의 구속 사역에 대한 성령님의 증거

2) 세상을 향한 성령님의 책망

2. 그리스도인과 관련된 사역

1) 구원에 있어서 성령님의 사역

2) 구원 이후에 성령님의 사역

3) 사역과 봉사에 관련된 성령님의 사역

4) 부활에 관련된 성령님의 사역

3. 보혜사로서 성령님의 사역

1) 성령님은 성도의 스승이시다

2) 성령님은 성도에게 생각나게 하는 분이시다

3) 성령님은 예수님을 계시해 주는 분이시다

THE HOLY SPIRIT AND MAN

13과 성령님의 사역

1. 모든 인류와 관련된 구원 사역

예수님을 모르는 비신자가 회개하고 예수님을 알게 되는 것은 전적으로 하나님의 은혜이다. 성령님은 사람들이 하나님의 구원의 은혜를 체험하고 죄를 깨닫게 하는 데 주도적인 역할을 하신다.

1) 그리스도의 구속 사역에 대한 성령님의 증거(행 5:30~32)

하나님의 구원의 계획과 방법은 성령님에 의하여 증거되었다. 죄 가운데 있는 영혼이 죄를 깨닫고 예수님을 믿어 영생을 얻게 되는 것은 오직 성령님의 역사로만 가능하다(슥 4:6; 고전 12:3).

＊사도행전 5:30~32
"너희가 나무에 달아 죽인 예수를 우리 조상의 하나님이 살리시고 이스라엘에게 회개함과 죄 사함을 주시려고 그를 오른손으로 높이사 임금과 구주로 삼으셨느니라 우리는 이 일에 증인이요 하나님이 자기에게 순종하는 사람들에게 주신 성령도 그러하니라 하더라"

2) 세상을 향한 성령님의 책망(요 16:8)

(1) '죄에 대하여' 책망하심(요 16:9)

- 오직 성령님만이 인간으로 하여금 자기의 죄가 얼마나 큰가를 깨닫게 하실 수 있다.
  - ▶ 모든 사람은 죄인이기 때문에 어떤 사람도 다른 사람의 마음 속에 죄가 있다고 정죄할 수 없다.

- 성령님은 윤리와 도덕적인 죄에 앞서 예수님을 믿지 않는 불신앙의 죄를 먼저 책망하신다.

- 사람이 예수님의 구원을 믿지 않는 것은 모든 죄 중에 가장 큰 죄이다.
  - ▶ 불신앙의 죄가 계속되는 한 다른 모든 죄는 그대로 보류(保留)되기 때문에 성령님은 불신앙의 죄를 책망하신다.

- 하나님이 예수 그리스도를 통하여 제시하시는 죄 용서의 유일한 길을 거절하면 그로 인한 모든 저주를 감당해야 한다.

(2) '의에 대하여' 책망하심(요 16:10)

- 성령님은 그리스도를 통하여 나타난 하나님의 은혜를 깨닫도록 세상을 책망하신다.
  - ▶ 성령님이 의에 대하여 책망하시는 것은 예

＊요한복음 16:8
"그가 와서 죄에 대하여, 의에 대하여, 심판에 대하여 세상을 책망하시리라"

＊요한복음 16:9
"죄에 대하여라 함은 그들이 나를 믿지 아니함이요"

＊책망(責望)
잘못을 나무라거나 꾸짖으며 못마땅하게 여김

＊요한복음 16:10
"의에 대하여라 함은 내가 아버지께로 가니 너희가 다시 나를 보지 못함이요"

수님의 무죄하심과 우리를 위한 의를 준비하셨음을 의미한다.

- 성령님이 책망하시는 의(義)는 어떤 인간에 대한 의가 아닌 그리스도의 의이다.
  - ▶ 죄와 상관이 없으신 예수님이 죄의 문제를 스스로 해결할 수 없는 인간의 죄를 대신하여 십자가에 죽으심으로 율법의 행위와 구분된 하나님의 의를 이루셨다.
  - ▶ 그리스도의 의는 그리스도께서 죽음에서 부활하시고, 하나님에게로 승천해 올라가심으로 증명되었다(롬 4:25).

- 우리 죄를 감당하신 "예수님을 믿으면 누구나 의롭다 하심을 얻어" 하나님의 영광 앞에 부끄러움 없이 설 수 있게 된다(롬 3:23~24).

(3) '심판에 대하여' 책망하심(요 16:11)

- 예수님이 구원의 길을 예비하셨음에도 불신으로 말미암아 세상은 심판을 피할 길이 없게 되었다.

- 세상의 심판 중에 가장 큰 것은 세상 임금에 대한 심판이니(요 12:31).
  - ▶ 아담의 범죄로 세상 권세를 소유하게 된 사탄은 세상과 인류를 통하여 하나님을 대적하여 왔다.

*** 의(義)**

의는 성경에서 가장 빈번하면서도 중요하게 사용되는 개념으로 하나님의 거룩한 법의 기준에 의하여 판단되어진다.

인간은 스스로 자신을 의롭게 할 능력이 전혀 없다(롬 3:19~20). 오직 그리스도의 구속 사역을 통해서만 인간에게 의가 주어질 수 있다(사 54:17).

*** 요한복음 16:11**

"심판에 대하여라 함은 이 세상 임금이 심판을 받았음이라"

*** 요한복음 12:31**

"이제 이 세상에 대한 심판이 이르렀으니 이 세상의 임금이 쫓겨나리라"

▶ 예수님은 십자가를 통하여 사탄의 권세를 멸하셨다.

▶ 예수님이 세상 임금을 심판하실 때, 그를 따르던 모든 자들도 그와 마찬가지로 심판을 받게 될 것이다.

• 성령님은 심판받은 사탄에게 더 이상 잡혀 살지 말라고 세상을 책망하신다.

＊세상 임금

사탄을 말한다. 예수님은 이 땅에 계실 때 사탄을 지칭하시어 '이 세상 임금'(요 12:31)이라 하셨다.

사탄은 세상을 통치하며 인간의 모든 문화, 사회, 정치, 종교, 군사를 이끌어 왔으니 인간의 문화란 사실 사탄의 문화이다.

세상 심판이 이르렀다 하심은 바로 예수님의 재림이 얼마 남지 않았다는 뜻으로 예수님의 재림은 지구의 종말을 뜻한다.

2. 그리스도인과 관련된 사역

사람이 복음을 듣고 예수님을 구주로 영접하여 하나님의 자녀로 살아가는 모든 과정에는 성령님의 주도적인 인도하심이 있다.

1) 구원에 있어서 성령님의 사역

(1) 비신자를 중생하게 하심(딛 3:5)

▶ 인간의 이성이나 지혜로는 전혀 받아들일 수 없는 예수님을 믿게 되는 것은 오직 성령님의 초자연적 역사로 말미암는다.

▶ 성경은 비신자의 중생이 "사람으로는 할 수 없으되 하나님으로는 그렇지 아니하니 하나님으로서는 다 하실 수 있느니라"(막 10:27)고 기록하고 있다.

▶ 성경은 비신자가 예수님을 구주로 시인하는 일에 대해 "성령으로 아니하고는 누구든지 예수를 주시라 할 수 없느니라"(고전 12:3)고 말씀하고 있다.

• 중생한 후에도 성령님은 계속 성도와 함께하여 성경 공부, 끊임없는 기도, 설교를 통하여 점점 더 견고한 신앙으로 들어갈 수 있도록 인도하신다.

(2) 신자의 하나님 자녀 됨에 대한 증거(요 1:12~13)

• 구원이란 사람이 성령님의 인도하심으로 하나님 말씀을 받아들이고 하나님의 신령한 자녀로 태어나는 것이다.

• 새롭게 태어난 성도가 하나님을 '아바 아버지'라고 부를 수 있는 것은 성령님이 하신 것이다(롬 8:15~16).

• 성령님의 역사하심이 없다면 노력과 열정을 다하는 종교인은 될지언정 구원받은 하나님의 자녀는 되지 못한다.

(3) 성도가 그리스도와 한 몸이 되기 위한 성령님의 침례(고전 12:13)

• 성도는 성령침례라는 성령님의 사역을 통하

*** 요한복음 1:12~13**
"영접하는 자 곧 그 이름을 믿는 자들에게는 하나님의 자녀가 되는 권세를 주셨으니 이는 혈통으로나 육정으로나 사람의 뜻으로 나지 아니하고 오직 하나님께로부터 난 자들이니라"

*** 아바**
'아버지'를 뜻하는 아람어로 영어로는 Abba로 쓰인다.
히브리어로는 '아브'인데 신약에서 세 번 언급된다(막 14:36; 롬 8:15; 갈 4:6).

*** 고린도전서 12:13**
"우리가 유대인이나 헬라인이나 종이나 자유인이나 다 한 성령으로 침례를 받아 한 몸이 되었고 또 다 한 성령을 마시게 하셨느니라"

여 그리스도의 몸 된 교회의 지체가 된다.

▶ 모든 사람이 동일한 성령님으로 침례를 받아 그리스도와 한 몸을 이룬다.

▶ 물침례는 그리스도와 한 몸이 되는 외적인 상징이다(갈 3:27). 실제적으로 그리스도와 한 몸을 이루게 되는 것은 성령침례를 통해서이다.

(4) 성령님에 의한 인(印)치심(엡 1:13)

- 성령님이 성도를 인치셨다는 것은 성도가 하나님의 소유된 백성임을 드러내는 것이다.

▶ 성령님의 인치심은 그리스도께서 성도를 그가 계신 곳으로 데려가기 위하여 다시 오실 때까지, 그들이 그리스도의 것이라는 보증이며 서약이다(딤후 2:19).

- 성령님이 성도를 인치셨다는 것은 성도의 마음속에 성령님이 임재하고 계신 것을 말한다.

2) 구원 이후에 성령님의 사역

(1) 성도를 성화시키심

- 성령님은 성도가 거룩하게 변화되어 가는 삶(성화)에 절대적인 역할을 맡고 계신다.

- 성화에는 세속과 구별된 상태(성도의 지위)의

*** 에베소서 1:13**

"그 안에서 너희도 진리의 말씀 곧너희의 구원의 복음을 듣고 그 안에서 또한 믿어 약속의 성령으로 인치심을 받았으니"

*** 성화(聖化)**

본래의 뜻은 '분리' 또는 '구별', 세상으로부터 분리되어 하나님을 향해 거룩하게 되는 것이다.

어떤 사물을 성화시킨다는 것은 그것이 하나님에게 속하였다고 선언하는 것을 말한다. 이것은 사람, 장소, 날과 절기, 제사에 사용되는 물건 등에 적용된다(출 13:2, 19:5~6; 레 27:14, 16; 민 3:12; 느 13:19~22).

성화와 실제로 구별된 행동(성도의 생활)으로 나타나는 성결된 삶의 성화가 있다.

▶ 전자의 성화(세속과 구별)는 성령님의 거룩하게 하심과 예수 그리스도의 피 뿌림에 의하여 인정된 성화이다(벧전 1:2).

▶ 후자의 성화(구별된 삶)는 성령님의 거룩하게 하심과 진리를 믿음으로 행함에 의하여 이루어진 성화이다(벧전 2:1~2).

• 성도는 성령님이 날마다 공급해 주시는 능력을 떠나서는 한 순간도 지탱해 나갈 수 없다.

▶ 성도는 일상에서 세상과 육신과 사탄의 시험에 항상 부딪치는 삶을 산다.

• 성도는 하나님의 말씀을 믿고, 성령님에게 복종함으로 성화시켜 주시는 성령님의 능력을 입고 산다.

(2) 육신의 정욕을 이기게 하심

• 사도 바울은 육신적인 생각을 가지고 하나님의 뜻을 행하기는 불가능한 일이라고 말한다(롬 8:7~8).

• 성령님은 성도가 육신을 굴복하게(죽이게) 하시며, 영적으로 승리하는 삶을 살게 하신다(롬 6:11).

***로마서 8:7~8**
"육신의 생각은 하나님과 원수가 되나니 이는 하나님의 법에 굴복하지 아니할 뿐 아니라 할 수도 없음이라 육신에 있는 자들은 하나님을 기쁘시게 할 수 없느니라"

(3) 성도의 속사람을 강건하게 하심

- 성령님은 예수 그리스도의 영광을 나타내심(요 16:14)으로, 성도의 속사람의 능력을 강건하게 하신다(엡 3:16).

- 성령님의 계시 사역은 성도를 "하나님의 모든 충만하신 것"(엡 3:19)으로 채워서 속사람을 강건하게 하신다.
  ▶ 성령님은 성도의 속사람을 강건하게 하며 그리스도를 본받는 자가 되게 하신다.

(4) 하나님의 자녀를 인도하심

- 하나님의 자녀가 소유한 가장 놀라운 특권 중에 하나는, 전지하시며 무오하신 성령님의 인도를 받는 것이다(요 16:13).
  ▶ 세상에서의 삶은 사방에 원수들이 둘러싸여 있는 낯선 지역을 지나는 것과 같다.
  ▶ 인격적인 성령님은 성도의 앞길에 놓여 있는 모든 것을 알고 계시기에 인격적으로 인도하신다.

- 성령님은 하나님의 자녀를 인도하실 뿐만 아니라 그들 개개인이 성령님의 택하신 길을 걸어갈 수 있도록 능력을 주신다.

＊속사람
성경은 하나님으로부터 난 속사람에 대하여 여러 가지로 표현하고 있다. 속사람에 대하여 알면 성경 말씀을 좀 더 쉽게 이해할 수 있으며 자신이 어떠한 사람인지 알 수 있다.
요한복음 3장 6절에 보면 "육으로 난 것은 육이요 성령으로 난 것은 영이니"라고 했다. 이 영이 곧 속사람이며 속사람은 하나님으로부터 난 자이기 때문에 하나님 앞에서 값진 것이다.

＊에베소서 3:16
"그의 영광의 풍성함을 따라 그의 성령으로 말미암아 너희 속사람을 능력으로 강건하게 하시오며"

3) 사역과 봉사에 관련된 성령님의 사역

(1) 성도가 선교할 수 있도록 능력을 주심

- 성도가 성령님에게 의존하지 않고 사람들에게 복음전파를 수행하는 것은 거의 불가능한 일이다.
  - ▶ 예수님은 복음전파를 위하여 특별히 성령님에게 기름부음 받았음을 증거하셨다 (눅 4:18~19).
  - ▶ 예수님이 복음전파를 위해 성령님의 기름부으심이 필요하셨다면, 성령님의 기름부으심은 주님의 사역을 감당해야 할 모든 성도에게도 반드시 필요한 일이다.

- 부활하신 예수님이 제자들에게 명하신 지상명령(마 28:19~20; 막 16:15; 눅 24:29; 요 21:15~17; 행 1:8)의 수행은 성령님의 능력 없이는 불가능하다.

(2) 하나님의 말씀을 가르쳐 주심

- 성령님은 중생하여 신령한 새사람으로 태어난 사람에게 하나님을 기쁘시게 하는 삶을 위한 신본주의적 교육을 받게 하신다.
  - ▶ 사람이 믿음의 세계에 들어오기 전에는 인본주의적이며 감각을 통한 경험적 교육을 받는다.

*** 누가복음 4:18~19**
"주의 성령이 내게 임하셨으니 이는 가난한 자에게 복음을 전하게 하시려고 내게 기름을 부으시고 나를 보내사 포로된 자에게 자유를, 눈 먼 자에게 다시 보게 함을 전파하며 눌린 자를 자유롭게 하고 주의 은혜의 해를 전파하게 하려 하심이라 하였더라"

• 성령님은 계시된 하나님의 말씀을 통하여 그리스도의 장성한 분량에 이르는 전인 교육을 하신다(엡 4:13).

• 성령님이 가르치시는 목적

▶ 그리스도를 따르고, 하나님을 섬기고, 하나님을 기쁘시게 하는 신령한 사람이 되도록 가르치신다.

▶ 인간의 지성, 감정, 의지를 통해 하나님의 말씀을 온전히 깨닫게 하심으로 올바른 행동의 기반을 구축케 하신다.

▶ 성령님은 광야 같은 삶의 고난, 사탄의 시험을 통해서도 천국에 대한 믿음과 소망이 자라나도록 교육하신다(마 4:1).

• 가르치시는 방법

▶ 성령님은 계시를 통하여 하나님의 말씀을 깨닫게 하신다(벧전 1:12).

(3) 성령님은 성도의 기도를 도와주심

• 성령님은 성도의 연약한 마음속에 기름을 부어 주시고, 또한 친히 간구해 주심으로 하나님의 뜻 가운데 기도하게 하신다(롬 8:26~27).

▶ 성령님의 기름부으심과 인도하심에 따라 기도하는 것은 성도의 가장 귀중한 체험이다.

*** 에베소서 4:13**

"우리가 다 하나님의 아들을 믿는 것과 아는 일에 하나가 되어 온전한 사람을 이루어 그리스도의 장성한 분량이 충만한 데까지 이르리니"

*** 기름부음**

고대 팔레스타인에서 기름부음의 종류는 세 가지로 구분된다.

1. 일상용 : 목욕한 후나 존경의 표시(눅 7:46) 또는 장례시(막 14:8, 16:1)에 기름을 바른다.

2. 성결예식용 : 선지자(왕상 19:16), 제사장(출 28:41), 그리고 왕(삼상 9:16)에게 기름을 부어 사람을 성별시켜 직임을 부여한다.

3. 의료용 : 병자나 부상당한 자에게 바른다(사 1:6; 눅 10:34).

- 성령님 안에서 기도가 성숙해질수록, 성도의 기도는 세상적인 일보다 영적인 일에 집중하게 된다.

- 성령님은 성도의 기도 가운데 하나님이 주신 약속들을 끊임없이 기억나도록 지혜를 공급하신다.

(4) 성도가 봉사하도록 영적 은사를 주심

- 성령님은 성도가 육체를 신뢰하지 않고 예수님만을 자랑하게 하기 위하여 영적 은사들을 주셨다(빌 3:3).
  ▶ 성령님이 주신 은사들은 주님과 사람을 섬기는 일(봉사)에 사용되어야 한다(고전 12:7).

4) 부활에 관련된 성령님의 사역

(1) 성령님은 마지막 날에 성도의 몸을 일으키심

- 인간의 몸은 인간 존재에 있어서 분명하고도 중요한 부분으로 그리스도의 구속 가운데 포함되어 있다(롬 8:23).

- 그리스도께서 죽은 자 가운데 부활하심같이 그리스도 안에서 죽은 모든 성도는 성령님으로 말미암아 그와 동일한 부활을 체험하게 될 것이다(롬 8:11).

＊고린도전서 12:8~11

"어떤 사람에게는 성령으로 말미암아 지혜의 말씀을, 어떤 사람에게는 같은 성령을 따라 지식의 말씀을, 다른 사람에게는 같은 성령으로 믿음을, 어떤 사람에게는 한 성령으로 병 고치는 은사를, 어떤 사람에게는 능력 행함을, 어떤 사람에게는 예언함을, 어떤 사람에게는 영들 분별함을, 다른 사람에게는 각종 방언 말함을, 어떤 사람에게는 방언들 통역함을 주시나니 이 모든 일은 같은 한 성령이 행하사 그의 뜻대로 각 사람에게 나누어 주시는 것이니라"

• 성도는 부활 사건의 신비를 이해할 수 없지만, 성령님은 성도의 죽은 몸을 예수님의 부활과 같게 만들어 주신다(빌 3:21~22).

(2) 성령님은 죽을 몸의 치료를 통해 부활을 맛보게 하심

• "그의 영으로 말미암아 너희 죽을 몸도 살리시리라"(롬 8:11)는 말씀은 성령님이 성도에게 강건함과 신유뿐만 아니라 부활을 베풀어 주시는 약속으로 이해된다.
  ▶ 죽음의 전조가 병으로 나타나는데, 성령님의 신유는 죽음의 시작인 병을 제거함으로써 죽음에서의 부활로 미리 맛보게 한다.
  ▶ 사도 바울은 "우리 죽을 육체"에 "예수님의(부활의) 생명"이 나타난 것에 대하여 말하고 있다(고후 4:10~11).

＊고린도후서 4:10~11
"우리가 항상 예수의 죽음을 몸에 짊어짐은 예수의 생명이 또한 우리 몸에 나타나게 하려 함이라 우리 살아 있는 자가 항상 예수를 위하여 죽음에 넘겨짐은 예수의 생명이 또한 우리 죽을 육체에 나타나게 하려 함이라"

3. 보혜사로서 성령님의 사역

1) 성령님은 성도의 스승이시다

(1) 진리로 인도하심(요 16:13)

• 성령님은 성경의 저자들에게 영감을 주신 분으로 예수님의 뜻을 계시해 주심으로 성도를

말씀의 진리 가운데로 인도해 주는 분이시다.

- 예수님은 우리를 진리 가운데로 인도하기 위하여 성령님을 보내신다.
  - ▶ 하나님의 말씀인 성경은 영적인 책이기 때문에 성도는 자신들을 가르쳐주고 이끌어 줄 성령님이 필요하다(행 8:29~31).
  - ▶ 성도는 성령님의 가르침에 의해 영적인 일을 분별할 수 있다(고전 2:13).

(2) 하나님의 대언자로 역사하심

- 사도 바울은 그의 서신서 가운데 나타난 놀라운 진리가 부활하신 예수 그리스도(성령님)의 계시를 통하여 받게 된 것임을 밝히고 있다(갈 1:12; 엡 3:3~5).

- 빌립 집사는 성령님에 이끌리어 말씀을 대언함으로 에디오피아 여왕의 내시를 그리스도인으로 인도하였다(행 8:26~29).
  - ▶ 성령님이 신약의 저자들에게 하나님의 말씀을 대언하여 기록하도록 영감을 주셨다.

(3) 이루어지지 않은 일을 미리 계시하심(요 16:13)

- "오직 하나님이 성령으로 이것(하나님이 자기를 사랑하는 자들을 위하여 예비하신 모든 것)을 우리에게 보이셨으니"(고전 2:10)라는 말씀

＊대언자(代言者)
대변자, 후원자, 돕는자, 보혜사로 예수님을 가르치기도 하였고(요일 2:1), 예수님은 성령님을 '다른 보혜사'라고 하셨다.

＊갈라디아서 1:12
"이는 내가 사람에게서 받은 것도 아니요 배운 것도 아니요 오직 예수 그리스도의 계시로 말미암은 것이라"

＊에디오피아(구스)
아프리카 나일강의 제일 폭포 지대에서 이집트의 남부로 뻗은 나라인데, 히브리어로 '구스'이고 헬라어로 '에디오피아'이다.
빌립 십사의 선도로 인하여 에디오피아는 아프리카 대륙에서 2천년 기독교 역사를 가지게 되었다.

과 같이 성령님은 개인의 영적 생활에 풍성한 축복을 계시해 주신다.

• 성령님은 성도가 가는 앞길에 무엇이 놓여 있는지 알려 주시고, 예기치 못한 불의의 사건을 알려 주신다(행 21:10~11).

2) 성령님은 성도에게 생각나게 하는 분이시다

(1) 하나님의 말씀을 기억나게 하심(요 14:26)

• 성령님은 하나님의 말씀을 생각나게 하시고, 깨닫게 하신다(요 14:26).

• 하나님의 백성이 하나님의 말씀을 좀 더 많이 기억할 수 있다면, 많은 문제와 번민으로부터 자유로울 수 있을 것이다.

▶ 베드로가 최후의 만찬 때 예수님이 자신에게 한 말씀을 기억했더라면, 그는 결코 예수님을 부인하지 않았을 것이다(마 26:75).

▶ 예수님의 제자들이 죽음과 부활에 대한 예수님의 말씀을 기억했더라면, 예수님이 무덤에 계셨던 사흘 동안 비참한 시간을 보내지 않았을 것이다(마 16:21; 눅 24:6~11).

▶ 베드로와 초대교회 지도자들의 이방인에 대한 편견은 말씀을 상기함으로써 해소될

＊요한복음 14:26
"보혜사 곧 아버지께서 내 이름으로 보내실 성령 그가 너희에게 모든 것을 가르치고 내가 너희에게 말한 모든 것을 생각나게 하리라"

수 있었다(행 11:15~18).

(2) 과거에 주셨던 특별한 약속을 기억나게 하심

- 사도 바울이 바다에서 광풍을 만났을 때 (행 27:14), 성령님이 예루살렘에서 겪었던 일을 기억나게 하셔서 바울에게 용기를 주셨다 (행 27:24~26).

- 이스라엘 백성은 모세에게 약속하신 하나님의 말씀을 기억하면서 야훼 하나님을 찬송하였다(왕상 8:56).

3) 성령님은 예수님을 계시해 주는 분이시다

성령님은 예수 그리스도를 증언하고, 계시해 주는 그리스도의 영이시다(요 15:26, 16:14). 성령님이 계시해 주시는 약속들은 초대교회와 성령님의 사역이 임하는 곳 어디에서나 성취되었다. 성령님이 예수님을 강력하게 증거하여 주실 때는 언제든지 예수님이 크게 영광을 받으셨다.

(1) 성도의 외적 영역에서 그리스도를 보이심

- 성령님만큼 예수님을 잘 아는 분은 없다 (요 16:14~15).

▶ 아브라함의 종이 주인의 아들 이삭을 잘

*** 광풍(유라굴로)**

강력한 파도를 일으키는 동풍으로 사도행전 27장 14절에만 언급된다. 이것은 겨울철에 동북동에서 부는 강풍이라고 보는 것이 맞다.

배를 전복시키거나 방심할 수 없는 위급함 속으로 몰아넣는 상황에서 상선이 항해한다는 것은 극히 위험한 일이다.

*** 사도행전 27:24~26**

"바울아 두려워하지 말라 네가 가이사 앞에 서야 하겠고 또 하나님께서 너와 함께 항해하는 자를 다 네게 주셨다 하였으니 그러므로 여러분이여 안심하라 나는 내게 말씀하신 그대로 되리라고 하나님을 믿노라 그런즉 우리가 반드시 한 섬에 걸리리라 하더라"

*** 요한복음 15:26**

"내가 아버지께로부터 너희에게 보낼 보혜사 곧 아버지께로부터 나오시는 진리의 성령이 오실 때에 그가 나를 증언하실 것이요"

알지 못하는 리브가에게 신랑으로 소개(창 24:33~36)한 것처럼 성령님도 신랑 예수님을 신부 성도에게 계시(소개)해 주신다.

- 성령님은 창세 전부터 예수님의 사역과 지상 사역, 영원 후의 사역까지 예수님과 함께하는 분이시다.

(2) 성도의 내적 성품에서 그리스도를 나타내심

- 구원의 목적은 죄로 인하여 타락한 인간을 원래 하나님의 형상대로 회복시키는 것이다.

- 성령님은 구원을 받은 어린 성도를 그리스도의 형상대로 변화시켜 주시며, 그의 마음속에 그리스도의 형상을 심어 놓으신다.

(3) 성도로 하여금 그리스도를 예배하게 하심

- 성령님은 결코 자신을 과장하지 않으시고, 인간으로 하여금 자신을 돋보이게 하지 않으신다(요 16:13~14). 오직 예수님만 높이신다.
  ▶ 성령님은 성도들을 감동 감화시키어 그들이 예수님의 인격과 사역을 찬양하도록 하려고 오신 분이시다.

＊요한복음 16:13~15
"그러나 진리의 성령이 오시면 그가 너희를 모든 진리 가운데로 인도하시리니 그가 스스로 말하지 않고 오직 들은 것을 말하며 장래 일을 너희에게 알리시리라 그가 내 영광을 나타내리니 내 것을 가지고 너희에게 알리시겠음이라 무릇 아버지께 있는 것은 다 내 것이라 그러므로 내가 말하기를 그가 내 것을 가지고 너희에게 알리시리라 하였노라"

14과

성령침례와 성령충만

1. 성령침례
    1) 성령침례와 구별해야 할 내용
    2) 성령침례의 올바른 이해
    3) 성령침례의 필요성
    4) 성령침례를 받기 위한 준비 사항

2. 성령충만
    1) 성령침례와 성령충만의 비교
    2) 성령충만의 의미
    3) 성령충만의 필요성
    4) 성령충만한 삶의 특징
    5) 성령충만을 유지하는 방법

THE HOLY SPIRIT AND MAN

14과

성령침례와 성령충만

1. 성령침례

1) 성령침례와 구별해야 할 내용

성령침례를 이해하기 위하여 성령침례와 비슷해 보이지만 의미상 구분해야 하는 것들이 있다. 그 중에는 중생, 성도가 성령님을 경험하는 마지막 단계 그리고 성령충만 등이 있다. 성령침례와 이들 사이에 어떤 차이점이 있는지 알아본다.

(1) 성령침례는 중생이 아니다

• 성령침례와 중생은 모두 성령님의 사역에 의하여 성도에게 나타나지만, 두 사건은 확연히 구분되는 별개의 체험이다.

• 사도들은 예수님의 사역 아래서 이미 중생하였다(요 1:35~40; 눅 10:20; 요 13:10).

▶ 이미 중생한 제자들은 성령님을 기다리라

*** 중생**

중생은 신생, 거듭남이라는 말로 쓰기도 한다.

1. 중생할 수 있는 방법
   ① 복음의 메시지를 믿음으로
   ② 예수 그리스도를 구세주로 영접함으로

2. 중생의 결과
   ① 하나님의 자녀가 된다(마 6:9).
   ② 하나님의 성품에 참예하는 자가 된다(고후 5:17; 벧후 1:4).
   ③ 죄와 세상을 이기는 승리의 삶을 산다.

*** 침례**

본래 침례는 예수 그리스도를 구주로 믿고 구원을 얻은 자들이 주님의 명령에 순종하여 몸을 물에 잠기는 의식이다. 이것은 예수님의 죽으심과 부활하심에 연합하는는 주님의 명령을 받은 후 성령침례를 받았다(눅 24:29; 행 2:1~4).

• 사마리아인은 빌립의 전도를 통하여 구원을 받았다(행 8:5~8, 12).
  ▶ 그들은 여러 날이 지난 후, 베드로와 요한의 사역을 통하여 성령침례를 받았다(행 8:14~17).

• 바울은 다메섹 도상에서 부활하신 예수님을 개인적으로 만나 중생하였다(행 9:3~9).
  ▶ 그는 삼일 후에 아나니아의 안수를 통하여 성령침례를 받았다(행 9:17~19).

• 바울이 에베소 성도에게 "너희가 믿을 때에 성령을 받았느냐"(행 19:2)고 물었을 때 그들은 성령침례를 모른다고 했다.
  ▶ 그 후 사도 바울이 손을 얹어 안수 기도했을 때 성령침례가 임하게 되었다(행 19:3~7).

(2) 성령침례는 성도가 성령님을 경험하는 마지막 단계가 아니라, 성령님이 성도에게 충만하게 임하는 최초의 체험이다

• 많은 사람이 성령침례 받은 것을 영적으로 우월해지는 표시라고 생각하나 그렇지 않다.

증표로써 하나님과 여러 증인들 앞에서 자신의 신앙을 고백하는 중요한 행위이다.

침례는 예수님이 직접 하신 명령이다. 예수님이 직접 하신 명령을 사람이 임의로 내용을 바꾸거나 약식으로 할 수 없는 것이다. 명령은 그대로 순종할 때, 그 명령을 주신 분에게 의미가 있는 것이다.

*** 성령침례**

다른 교단에서는 '성령세례'라고 부른다. 여기서 세례는 '씻는다'는 뜻이고 침례는 '잠긴다'는 뜻으로 세례보다는 침례가 더 성경의 뜻에 맞는 표현이다.

성령침례는 성령의 역사하심에 의해 그 안에 완전히 잠기는 것이며 중생 이후에 일어나는 제2의 체험으로 중생과 구분된다. 성령침례에 의해 복음 증거를 위한 능력을 부여받게 되며, 신앙생활에 승리하는 역동적인 삶을 살게 되므로 성령침례는 모든 성도가 반드시 체험해야 한다.

- 성경은 성도가 중생과 물침례를 받은 이후에 체험하게 되는 과정으로 성령침례를 말한다 (행 2:38).

- 성령침례는 영적 체험의 끝이 아니라 주님에게 헌신하기 위해 더욱 개발해야 하는 영적 체험의 과정이다.

(3) 성령침례는 성령충만으로 연결된다

- 성령침례는 성령에 완전히 잠기는 체험으로 성령충만의 최초의 경험이다.
  - ▶ 성령침례에 의해 성령의 외적인 은사가 나타난다.
  - ▶ 성령침례에 의해 성령의 내적인 열매가 나타난다.

- 성령충만은 성령의 은사와 성령의 열매가 지속적으로 나타나는 성령충만한 상태를 말한다.
  - ▶ 성령침례를 받은 후에 성령으로 재충만하는 상태는 성령충만으로 표현한다.

- 성도는 신앙생활 가운데 승리하기 위해 지속적인 성령충만을 기대하며 이를 간구해야 한다.

*** 침례(浸禮)와 연관된 영적 상태**

1. 죄의 제거(행 22:16 이하)
2. 중생 또는 신생과 관련(딛 3:5)
3. 그리스도와 연합(갈 3:27)
4. 하나님과 새로운 관계로 들어감(갈 3:26~27)
5. 성령의 수여(고전 12:13)
6. 교회에 소속됨(행 2:41)
7. 구원의 은사(막 16:16; 요 3:5)

2) 성령침례의 올바른 이해

(1) 성령침례는 중생 후 하나님의 주권적인 역사로 주어지는 선물이다

• 신약은 성령침례의 체험을 성도에게 성령님이 갑자기 초자연적인 방법을 '내리신다', '임하신다', '부어 주신다'라고 표현한다(행 2:17, 33, 10:45).

(2) 성령침례는 하나님 아버지의 약속이다

• 그리스도인에게 주어진 가장 큰 약속은 예수님이 승천하시기 직전 사도들에게 주신 성령침례에 대한 말씀이다.

▶ 성령침례는 성도가 받게 해달라고 하나님을 설득하는 것이 아니라, 하나님의 약속을 기다리는 것이다(행 1:4).

• 성령침례는 인간으로부터 기인한 것이 아니라 하나님이 우선권을 가지고 약속하신 것이다(눅 24:49).

• 하나님 아버지는 자신이 약속하신 것은 결코 잊지 않을 뿐만 아니라 약속하신 것은 지키시는 분이시다.

＊누가복음 24:49
"볼지어다 내가 내 아버지께서 약속하신 것을 너희에게 보내리니 너희는 위로부터 능력으로 입혀질 때까지 이 성에 머물라 하시니라"

(3) 성령침례는 하나님 아버지와 아들 예수님의 선물이다

- 성령침례가 선물(행 2:38)이라면, 값없이 거저 주시는 것이지 공로가 있거나 또는 받을 만한 가치가 있어서 받는 것은 결코 아니다.
  - ▶ 성령침례는 몇 시간의 기도에 대한 보상이나 눈물겨운 헌신과 희생의 대가로 받는 것이 아니다.

- 성령은 하나님에게 순종하는 자에게 하나님의 은혜로 값없이 주시는 선물이다(행 5:32).

(4) 성령침례는 예수님의 명령이다

- 성령침례는 성도의 일시적인 기분이나 환상에 따른 것이 아니라 예수님의 준엄하신 명령이다(행 1:4).

- 모든 개개인이 주님의 명령에 순종하지 못하는 것은 불순종이 된다.

3) 성령침례의 필요성

(1) 예수님의 증인이 되는 능력을 갖기 위하여(행 1:8)

- 성령침례의 주된 목적은 성도가 그리스도의 증인으로서 봉사할 수 있는 능력을 소유하게 하는 것이다.

***사도행전 1:8**
"오직 성령이 너희에게 임하시면 너희가 권능을 받고 예루살렘과 온 유대와 사마리아와 땅 끝까지 이르러 내 증인이 되리라 하시니라"

▶ 오순절 이전에 제자들은 "유대인들을 두려워하여" 자신들이 모인 곳의 문들을 닫고 숨어 있었다.

▶ 오순절 이후에 성령님이 제자들에게 임하시자 제자들은 전혀 다른 사람으로 변화되었다.

▶ 제자들은 이제 잠긴 방 속에 들어 앉아 있을 수 없었고(행 5:17~20), 성령님의 능력으로 유대인 당국자들 앞에서도 사자와 같이 담대하게 되었다(행 4:19~20).

• 바울은 성령님의 역사하심에 의해 능력 있는 설교를 하였다(고전 2:4).

• 스데반도 성령의 능력을 받아 담대하게 설교를 하였다(행 6:8, 10).

(2) 영적 전쟁을 위한 능력을 갖기 위하여

• 성도는 그에게 맡겨진 일이 영적인 것이기 때문에 성령님의 능력을 충만히 덧입을 필요가 있다.

▶ 성도는 영적인 일을 수행하기 위하여 파송된 사람이기 때문에 영적 능력 없이는 모든 것이 불가능해진다.

▶ 성도는 악한 사탄의 세력에 의하여 방해를 받고, 이 투쟁은 영적인 영역이기 때문

＊유대 당국자

산헤드린 공회의원들로 의원수는 120명이며 에스라 시대부터 시작된 것으로 추정된다.

전통적으로 유대의 새로운 규범과 법규를 제정, 공포하고 재판을 하는 기능도 가지고 있다.

에 영적인 능력이 필요하다(엡 6:12).

• 사탄과의 싸움에서 성도에게 필요한 것은 오직 성령님의 능력이며, 그 능력을 대신할 수 있는 것은 없다(요일 4:4).

(3) 성령님의 충만한 능력을 갖기 위하여

(요 7:38~39)

• 예수님이 지상 사역을 하실 때의 능력은 성령님으로부터 흘러나온 것이다.

▶ 성도는 예수님이 소유하신 능력을 바라보는 것으로 만족할 것이 아니라, 각 개인이 그 능력을 소유하고 있어야 한다.

• 예수님은 성령님의 능력을 다른 사람들에게 흘러넘치게 할 사람을 찾고 계신다.

▶ 성경에서 사람은 종종 그릇으로 표현되는데, 주님은 성령님의 능력을 많이 담는 그릇보다는 많이 흘러넘치게 하는 그릇을 원하신다.

(4) 사역 감당에 필요한 능력으로 채움 받기 위하여(눅 24:49)

• 예수님은 제자들에게 하나님이 약속하신 것, 즉 위로부터 능력이 입혀질 때까지 예루살렘 성을 떠나지 말라고 명하셨다.

＊요한복음 7:38~39

"나를 믿는 자는 성경에 이름과 같이 그 배에서 생수의 강이 흘러나오리라 하시니 이는 그를 믿는 자들이 받을 성령을 가리켜 말씀하신 것이라 (예수께서 아직 영광을 받지 않으셨으므로 성령이 아직 그들에게 계시지 아니하시더라)"

＊영광을 받지 않으심

예수님이 죽으시고 부활하심으로 하나님으로부터 높임받음을 의미하나, 그 당시에는 공생애 기간으로 아직 십자가 사건이 도래하지 않음을 의미한다.

＊예루살렘

구약시대에는 '살렘'(평화)으로 부르다가 신약시대에 와서는 예루살렘이리고 불렀다. 그 뜻은 평화의 터전이고, 이 도시는 남유다 왕국의 수도이다.

• '능력'은 하나님이 주신 명령을 이행할 수 있도록 우리에게 주시는 것인데 이 능력을 받으면 다음과 같은 일이 가능해진다.

▶ 하나님의 인도하심을 따라갈 수 있게 된다.
▶ 하나님의 섭리에 응답할 수 있게 된다.
▶ 예수님을 찬양할 수 있게 된다.
▶ 예수님처럼 사랑할 수 있게 된다.
▶ 교회에 덕을 세우는 일을 감당할 수 있게 된다.
▶ 주님을 위해 핍박을 받을 수 있게 된다.
▶ 세속의 삶을 넘어 거룩한 삶을 살 수 있게 된다.
▶ 예수님이 다시 오실 때까지 사명을 온전히 감당할 수 있게 된다.

4) 성령침례를 받기 위한 준비 사항

(행 2:37~38)

(1) 죄의 회개

• 오순절 날 베드로의 설교를 들은 사람들은 "형제들아 우리가 어찌 할꼬"라고 탄식했다.

• 베드로는 "너희가 회개하여…" 성령의 선물을 받으라고 대답했다(행 2:38).

＊사도행전 2:37~38

"저희가 이 말을 듣고 마음에 찔려 베드로와 다른 사도들에게 물어 이로되 형제들아 우리가 어찌할꼬 하거늘 베드로가 이로되 너희가 회개하여 각각 예수 그리스도의 이름으로 침례를 받고 죄 사함을 받으라 그리하면 성령의 선물을 받으리니"

＊회개

원어로 '회개'는 '메타노니아(μετάνονια)'로 잘못된 길에서 돌아오는 것을 말한다.

이에 비교하여 '후회하다'는 '메타멜로마이(μεταμέλομαι)'로 죄지은 것에 대해 자책하고 돌아오지 않는 상태를 말한다.

(2) 확실한 구원의 체험

- 회개하고 성령을 받기 원하는 사람은 반드시 예수님이 자신을 구원하셨다는 믿음을 가져야 한다.
  - ▶ 회개 이전의 사람은 사탄의 종이 되어 예수님의 구원에 대한 부정적인 상태에 있지만, 거듭난 후의 성도는 내주하시는 성령님의 역사로 구원에 대한 확신을 갖게 된다.

(3) 물침례

- 베드로의 설교(행 2:37~38)에서 언급된 성령침례의 순서를 보면 회개, 중생, 물침례 그리고 성령침례로 되어 있다.
  - ▶ 각 단계를 하나씩 순종하면 다음 단계의 길이 열린다.
  - ▶ 물침례를 받지 못하면 반드시 성령침례가 임하지 않는다고 주장할 수는 없지만, 물침례도 성령침례를 받기 위하여 필요한 단계가 된다.

- 사도행전에는 이 순서가 바뀌어 성령침례 후에 물침례를 주는 경우가 두 군데 있다(행 9:17~18, 10:44~48).
  - ▶ 사도 바울은 성령침례를 아나니아의 안수로 먼저 받고, 나중에 물침례를 받은 듯 보인다.

▶ 가이사랴 고넬료 집에서 베드로의 설교 후에 고넬료와 식솔들은 예수님을 믿었고, 성령침례를 받은 후에 물침례를 받았다.

• 성령침례에 이르는 과정은 약간 다를지라도 성령침례는 중생 후 임하는 별개의 체험이 분명하다.

• 주님의 명령을 알면서도 불순종한 사람은 성령침례를 받을 수 있는 믿음을 소유하기 어렵다.

(4) 간절한 갈망

• 성령침례를 받기 위하여 성도는 성령침례를 받고자 하는 갈망으로 가득 차 있어야 한다.

• 성령침례 받기를 열망하지 않거나 성령님을 영접하지 아니할 때, 하나님은 은혜의 선물을 주시지 않을 것이다(마 5:6; 요 7:37~39).

(5) 헌신의 자세

• 성령침례를 받기 위하여 성도는 자신의 의지를 하나님의 의지에 반드시 굴복시켜야 한다.

▶ 성도는 자신의 의지를 하나님에게 굴복시키는 것의 의미를 본인의 의지를 완전히 포기한다는 말로 혼동하지 말아야 한다.

＊가이사랴

갈멜산에서 남쪽으로 37km 지점에 위치한 해안 도시이다.

B.C. 4세기 시돈 왕이 건설한 도시였는데 B.C. 63년 로마의 폼페이우스가 이 성을 점령했다가, 아구스도가 유대왕 헤롯에게 넘겨주었다.

헤롯이 가이사 아구스도를 기념하여 이 성을 '가이사랴'라고 명했다. 사도 바울이 로마로 압송될 때 이 항구에서 머물다가 출발하였다(행 25:13~27:1).

＊식솔(食率)

한 집안에 딸린 식구들

＊요한복음 7:37

"명절 끝날 곧 큰날에 예수께서 서서 외쳐 이르시되 누구든지 목마르거든 내게로 와서 마시라"

▶ 본인 의지의 포기는 악한 세력이 들어올 수 있도록 문을 열어두는 결과이므로 위험한 일이다.

• 헌신의 자세는 본인의 의지와 능력을 소유하고 있으면서, 의지의 중심이 자신으로부터 예수님에게 옮겨진 상태를 뜻한다.

• 하나님은 전적으로 자신을 성령님에게 드린 사람의 의지를 최대한으로 활용하신다.

2. 성령충만

1) 성령침례와 성령충만의 비교

성령침례는 성령의 기름부음에 완전히 잠기는 첫 번째 체험으로 단 한번만 있게 되지만, 성령충만은 이후 반복적으로 계속되는 체험이다. 이런 연유로 사도 바울은 "오직 성령의 충만을 받으라"(엡 5:18)고 권면하고 있는데, 이 말을 직역하면 "항상 성령의 충만을 받으라"는 말이다. 사도행전에도 성령침례는 한번 받는 것이지만 성령충만은 반복해서 받는 것으로 언급되어 있다.

＊성령충만한 삶의 증거

1. 심령 속의 신령한 시와 찬양 : 의와 평강과 희락(롬 14:17)
2. 범사에 감사 : 기쁨과 기도와 함께 감사(살전 5:18)
3. 하나님을 경외함으로 서로 복종 : 서로 경청하며 복종(엡 5:21)
4. 은혜로운 삶 : 감사와 화평과 위로의 삶(요 1:14~16, 지혜로운 삶)
5. 희생하는 삶 : 희생을 각오하는 삶(고전 1:18; 행 14:22)

2) 성령충만의 의미

성령으로 충만한 삶은 예수 그리스도로 충만하여 세상과 구별되어 사는 삶이다(요 16:12~14; 롬 6:11). 우리는 죽고 우리 안에 그리스도께서 사시는 삶이다(갈 2:20). 우리의 몸은 그리스도의 뜻을 이루는 그리스도의 몸이 되고, 우리의 마음은 그리스도의 생각을 품은 그리스도의 마음이 되고, 우리의 의지는 주님의 의지의 지배를 받게 됨으로 우리의 전인격이 주님의 것이 되는 삶을 살게 된다.

3) 성령충만의 필요성

(1) 세상으로부터 자신의 믿음을 지키기 위하여

- 성령으로 충만함을 받아야 세상의 유혹은 물론 자신의 육신과의 싸움에서 승리하고 믿음을 지킬 수 있다.
  - ▶ 사도들이 예수님의 부활을 전하자 유대교의 지도자들은 베드로와 요한을 감옥에 가두고, 그들을 심문하였다(행 4:7).
  - ▶ 베드로가 유대 지도자들 앞에서 예수님에 대하여 담대하고 감격적인 답변을 할 수 있었던 것은 계속적인 성령충만의 결과였다(행 4:8~12).

• 예수님도 제자들에게 복음으로 인하여 핍박받을 때가 오면, 성령님이 그들의 할 말을 가르쳐 주실 것이라고 미리 말씀하셨다(눅 12:11~12).
  ▶ 성령충만은 핍박과 박해와 유혹을 이기게 하는 능력이며 지혜이다.

(2) 사탄과의 영적 싸움에서 승리하기 위하여

• 성도가 하나님의 말씀을 전파할 때, 사탄의 방해를 받지 않기 위해 성령충만함이 필요하다.
  ▶ 사도 바울이 구브로 섬에서 총독 서기오 바울에게 복음을 전하고 있을 때, 박수 엘루마가 복음을 듣지 못하도록 방해를 하였다.
  ▶ 바울은 성령님이 충만하여서 더 이상의 훼방을 받지 않기 위하여 엄한 말로 엘루마를 꾸짖었다(행 13:9~10).

(3) 성도가 마음에 담대함과 능력을 소유하기 위하여

• 사탄은 성도의 마음에 불안과 번민, 근심과 걱정을 심어 좌절하고 절망하게 하지만 성령충만이 임하면 이런 부정적인 생각이 사라지고 마음에 담대함이 생기게 된다.
  ▶ 사도들의 복음 증거에 유대 지도자들은 "그들을 불러 경고하여 도무지 예수의 이름으로 말하지도 말고 가르치지도 말라"(행 4:18)고 위협했다.

*** 박수(博數)**
여자 무당을 주로 '무당'이라고 부르는 반면에 남자 무당은 '박수'라 부른다.

*** 사도행전 13:9~10**
"바울이라고 하는 사울이 성령이 충만하여 그를 주목하고 이로되 모든 거짓과 악행이 가득한 자요 마귀의 자식이요 모든 의의 원수여 주의 바른 길을 굽게 하기를 그치지 아니하겠느냐"

▶ 기도를 통하여 성령충만을 받은 사도들은 두려움 없이 담대함으로 하나님의 말씀을 계속 증거할 수 있었다.

(4) 복음 전파에 따르는 핍박을 견디기 위하여

- 성도가 예수님의 복음을 전파하면, 사탄은 복음을 전파하지 못하게 하기 위하여 핍박이라는 도구를 가지고 방해한다. 이를 극복하기 위해 성령충만이 필요하다.

▶ 바울과 바나바가 비시디아 안디옥에서 복음을 증거할 때, 그 성에 유하던 사람들이 핍박을 했지만(행 13:50) 그들은 결코 절망하지 않았다.

▶ 사도들이 핍박 가운데 좌절과 실망하지 않고 기쁨으로 다시 시작할 수 있었던 것은 성령충만에 기인한다.

4) 성령충만한 삶의 특징

(1) 오직 예수님만 따르는 삶

- 성령이 충만한 사람은 속에 오직 예수님으로 가득하여 예수님으로 죽고, 예수님으로 사는 사람으로 변화된다(롬 14:8).

▶ 사도 바울은 3차 전도여행 후에 예루살렘으로 올라갈 때, 순교당할 것을 알면서도 성령충만한 가운데 예수님을 증거하기 위하여 올라갔다(행 20:22~25).

• 성령이 충만한 사람은 땅 끝까지 예수님을 전하는 증인이 된다(행 1:8).

(2) 성령의 은사가 나타나는 삶

• 방언기도가 넘치는 삶

▶ 성령의 충만함을 받으면 성령이 말하게 하심을 따라 다른 방언으로 기도하게 된다(행 2:4).

▶ 성령충만은 우리가 빌 바를 알지 못할 때에도 방언기도를 통해 성령님이 우리를 위해 간구해 주시는 것을 알게 된다.

• 기적이 충만한 삶

▶ 성령충만한 성도는 인간의 힘으로 불가능한 일을 만나도 초자연적인 성령님의 도우심으로 기적을 경험할 수 있다.

(3) 성령의 열매가 나타나는 삶

• 좋은 토양에서 자라난 과일나무가 충실한 열매를 풍성히 맺음같이, 성령충만을 받은 성도는 좋은 영적 토양을 갖추었기 때문에 성령의 열매를 풍성히 맺는다(갈 5:22~23).

▶ 인간의 조건적인 사랑으로 행하지 않고 범사에 하나님의 아가페 사랑으로 행하게 된다(롬 8:32).

＊방언기도의 유익

1. 성령으로 충만케 함
2. 자기 신앙의 덕을 세움
3. 깊은 영적 기도로 인도
4. 중보기도에 유용함
5. 육신의 감정을 통제함
6. 균형 잡힌 인격형성을 도움
7. 하나님과 교통하는 비밀언어

(4) 영혼과 범사와 육에 풍성한 삼중축복이 임하는 삶

• 영혼의 생명력이 넘치는 삶

▶ 성령충만은 무기력한 영혼이 주님의 생명력으로 넘치게 한다.

▶ 언제나 적극적이고 긍정적이며 능동적인 삶을 살 수 있게 된다.

• 범사가 형통한 삶

▶ 성령님이 삶에 개입함으로 인해 모든 일이 형통하게 풀리기 때문에 감사와 평강이 임하게 된다.

▶ 성령충만한 결과 하나님의 나라에 속한 의와 평강과 희락(롬 14:17)이 범사에 임하게 된다.

• 병 고침의 능력이 넘치는 삶

▶ 성령님은 즉각적으로 또는 점차적으로 병든 자를 고쳐 주신다.

▶ 성령이 충만하여 기도할 때, 자신의 질병뿐 아니라 다른 사람의 질병도 치료하게 된다.

5) 성령충만을 유지하는 방법

(1) 성령충만을 위하여 성령님의 임재를 기다린다

"사도와 함께 모이사 그들에게 분부하여 이

르시되 예루살렘을 떠나지 말고 내게서 들은 바 아버지께서 약속하신 것을 기다리라"(행 1:4)

(2) 규칙적으로 정해진 시간에 기도한다

"제 구시 기도 시간에 베드로와 요한이 성전에 올라갈새"(행 3:1)

(3) 매일 말씀을 읽고 묵상한다

"오직 야훼의 율법을 즐거워하여 그의 율법을 주야로 묵상하는도다"(시편 1:2)

(4) 주님의 이름으로 모이기에 힘쓴다

"두세 사람이 내 이름으로 모인 곳에는 나도 그들 중에 있느니라"(마 18:20)

(5) 지은 죄를 즉시 회개한다

"만일 우리가 우리 죄를 자백하면 그는 미쁘시고 의로우사 우리 죄를 사하시며 우리를 모든 불의에서 깨끗하게 하실 것이요"(요일 1:9)

(6) 우리의 몸은 성령님이 계신 성전이므로 더럽히지 않는다

"너희는 너희가 하나님의 성전인 것과 하나님의 성령이 너희 안에 계시는 것을 알지 못하느냐 누구든지 하나님의 성전을 더럽히면 하나님이 그 사람을 멸하시리라 하나님의 성전은 거

룩하니 너희도 그러하니라"(고전 3:16~17)

(7) 성령님을 모독하거나, 소멸시키지 말아야 한다

"누구든지 말로 인자를 거역하면 사하심을 받으려니와 성령을 모독하는 자는 사하심을 받지 못하리라"(눅 12:10)

"성령을 소멸하지 말며"(살전 5:19)

(8) 교회를 위해 헌신하고 봉사하며 복음을 전하고 가르친다

"너는 말씀을 전파하라 때를 얻든지 못 얻든지 항상 힘쓰라 범사에 오래 참음과 가르침으로 경책하며 경계하며 권하라"(딤후 4:2)

15과

성령의 은사

1. 성령의 은사의 정의

1) 신령한 것
2) 은사
3) 직임
4) 역사
5) 나타남
6) 다양성

2. 은사의 목적

1) 교회의 덕을 세운다
2) 성도를 권면한다
3) 성도를 안위한다
4) 복음을 만민에게 전파한다

3. 은사의 종류

1) 목회의 은사
2) 직임을 수행하는 은사
3) 초자연적인 은사

4. 은사를 발견하는 법

1) 자신의 마음 문을 열어야 한다
2) 자신의 갈망을 검토한다
3) 교회의 필요를 확인한다
4) 자신의 노력의 결과를 평가한다
5) 성령님의 인도를 따른다

5. 은사의 올바른 사용 원리

1) 질서와 조화의 원리
2) 절제의 원리
3) 사랑 동기의 원리
4) 덕 세움의 원리
5) 말씀 기준의 원리

THE HOLY SPIRIT AND MAN

15과 성령의 은사

1. 성령의 은사의 정의

성령의 은사는 성령님이 예수님을 믿는 모든 사람 각 개인에게 나누어 주시는 하나님의 다양한 '은혜의 선물'을 말한다. 고린도전서 12장 1~7절에서 은혜의 선물로 성령의 은사를 여섯 가지 단어로 표현하고 있다.

이 단어들은 '신령한 것'(πνευματικα), '은사'(χάρισματα), '직임'(διακονία), '역사'(ἐνέργηματα), '나타남'(φανέρωσις) 그리고 '다양성'(διαιρέσις)으로 각기 성령의 은사에 대한 의미를 담고 있다.

1) 신령한 것(프뉴마티카 πνευματικα, 고전 12:1)

성령의 은사는 '신령한 것' 또는 '영에 속한 것'(고전 14:1)이라고 묘사되고 있다. '신령한 것'은 은사라는 뜻이나 한편으로는 '영적인 사람' 또는 '영적 은사를 받은 사람'과 같이 은사 이상의 뜻도 내포한다.

*** 고린도전서 12:1**
"형제들아 신령한 것에 대하여 나는 너희가 알지 못하기를 원하지 아니하노니"

*** 은사(恩賜)**
하나님이 값없이 주시는 '은혜(恩惠)의 선물'이다. 이것을 줄여서 '은사'라고 부른다.

2) 은사(카리스마타 χάρισματα, 고전 12:4)

성령님이 사람마다 다르게 나누어 주시는 다양한 '하나님의 선물'(gift)로 축복, 재능, 능력 등을 의미한다. 이 선물은 사람의 공로나 노력을 인정받아 주어지는 것이 아니라, 하나님이 값없이 거저 주시는 선물이다.

3) 직임(디아코니아 διακονία, 고전 12:5)

직임은 '섬기다' 또는 '봉사하다'라는 말에서 유래한 것으로 그리스도의 몸된 교회를 세워 나가는 다양한 '직임'을 의미한다. 집사를 영어로 디이컨(deacon)이라고 부르는데 이 말의 어원이 직임(디아코니아)에서 유래되었다.

＊직임(디아코니아)
교회에서 하나님의 일을 수행하기 위해 부여받은 거룩한 직분을 말한다. 성경에서는 은사로 받은 다양한 직임의 종류를 이야기하고 있다(롬 12:7~8; 엡 4:11~12).

4) 역사(에네르게마타 ἐνέργηματα, 고전 12:6)

하나님의 다양한 '능력'을 말하며, 하나님의 능력을 나타냄으로써 교회에 유익을 주는 것이다. 활력을 영어로 에너지(energy)라고 부르는데 이 말의 어원이 역사(에네르게마타)에서 유래되었다.

5) 나타남(파네로시스 φανέρωσις, 고전 12:7)

나타남(현현, 顯現)은 은사의 '외적인 증거'로 표현되는 말이다. 성령님은 그리스도의 몸(교회) 안에 '외적인 증거'로 영적인 은사를 주신다. 은사의 나타남은 성도로 하여금 하나님의 임재하심을 인식하게 하여, 결과적으로 하나님에게 찬양과 경배를 드리게 한다.

6) 다양성(디아이레시스 διαιρέσις, 고전 12:4~6)

'여러 가지'라는 단어의 의미에는 '나누어 준다'는 개념이 기본적으로 깔려 있다. 하나님은 한두 사람을 통하여 오직 몇 가지 은사만 나타나기를 원하시지 않는다는 것이다.

성경은 고린도전서 12장에 나타난 아홉 가지 은사 외에도 로마서 12장과 에베소서 4장에 다양한 은사를 기록하고 있다. 여기에 기록된 은사뿐만 아니라 다른 많은 은사도 있음을 인식해야 한다.

＊**현현(顯現)**
명백하고 뚜렷이 나타나는 것을 뜻한다.

2. 은사의 목적

1) 교회의 덕을 세운다(고전 12:7; 롬 1:11)

성령님이 각 사람에게 여러 가지 다른 은사를 주신 목적은 예수님의 몸된 교회에 덕을 세우고 유익을 주시기 위함이다. 교회에 덕을 세우고 유익을 준다는 의미는 은사가 교회를 영적으로 성장시키고 하나님의 나라를 확장시키는 데 사용되어야 한다는 것이다.

2) 성도를 권면한다(고전 14:3)

권면을 의미하는 '파라클레시스'(παράκλησις)는 성도를 권하고 격려하여 하나님의 모든 뜻을 행하도록 돕는 것을 뜻한다. 이 말은 예수님이 성령님의 호칭으로 사용한 '파라클레토스'(παράκλητος)라는 말과 연관을 갖고 있다.

3) 성도를 안위한다(고전 14:3)

안위라는 말은 '파라뮈디아'(παραμυθία)라는 단어에서 왔는데 이 말은 '달래고, 위로하고, 위문하는 것'을 의미한다. 교회는 핍박을 당한다고 예언되어 있다. 교회가 핍박을 당하고 슬픔에 빠질 때에는 위로의 사역이 필요하다.

＊덕(德)
하나님이 주시는 은총의 결과로 이루게 되는 탁월한 성품(잠 22:11; 빌 4:8; 벧후 1:3; 롬 14:19)이다.
바울은 그리스도인의 덕목으로 성령의 아홉 가지 열매를 들고 있다(갈 5:22~23).

4) 복음을 만민에게 전파한다(막 16:15)

부활하신 예수님은 승천하시기 전에 이 땅의 제자들에게 "너희는 온 천하에 다니며 만민에게 복음을 전파하라"(막 16:15)는 말씀을 남기셨다. 주님의 지상명령인 세계 선교를 감당하기 위하여 성령님은 각종 필요한 은사를 허락하신다.

3. 은사의 종류

1) 목회의 은사(엡 4:11~12)

(1) 사도

- '사도'는 예수님으로부터 직접 부르심을 받고, 복음을 위하여 보내심을 받은 직분자를 가리킨다.
  - ▶ 예수님의 제자들이 순교하여 죽은 이후로, 본래 의미에서의 사도직은 중단되었다고 할 수 있다.

- 예수님의 제자로서 '사도'와는 별개로 '교회의 사도'로 지칭되는 사람들이 있다.
  - ▶ 초대 교회 선교사로 나선 바나바와 바울 같은 이가 교회로부터 보냄을 받은 사도들이다(행 13:1~3).

*** 에베소서 4:11~12**
"그가 어떤 사람은 사도로, 어떤 사람은 선지자로, 어떤 사람은 복음 전하는 자로, 어떤 사람은 목사와 교사로 삼으셨으니 이는 성도를 온전하게 하여 봉사의 일을 하게 하며 그리스도의 몸을 세우려 하심이라"

*** 직분자**
교회에서 일을 하기 위하여 하나님의 뜻에 따라 사람을 세우는데, 이런 사람들을 직분자라고 한다. 직분자에는 사도, 목사, 감독, 장로, 권사, 집사, 교사 등이 있다(엡 4:11; 딤전 3:2; 딛 2:2~5; 행 14:23).
직분자가 자신의 직무를 '얼마나 충실하게 하느냐'에 따라 교회의 부흥이 좌우된다.

*** 순교(殉敎)**
자기가 믿는 종교에 증언하려고 목숨을 바치는 일. 순교자의 조건은, ① 실제로 죽임을 당해야 하고, ② 그 죽음이 기독교의 신앙과 진리를 증오하는 사에게서 초래되어야 하며, ③ 죽음을 통해 기독교의 신앙과 진리를 증거해야 한다.

• 교회로부터 보냄을 받은 사도직은 지금도 존재한다고 볼 수 있는데 현대 교회에서 파송한 선교사가 이들이다.

(2) 선지자

• 하나님으로부터 말씀을 받아 전하는 '예언자'를 가리킨다.

• 구약시대의 선지자들은 '우상숭배의 죄로 인하여 포로로 잡혀감', '포로에서 귀환', '메시아의 오심' 그리고 종말에 임할 '신천신지'에 대한 일들을 예언하였다.

• 신약시대의 선지자들은 '하나님의 뜻과 그리스도의 복음'을 전달하는 일을 감당하였다.

• 오늘날 '선지자의 은사'를 받은 사람들은 이미 예언된 하나님의 말씀을 가지고 성도를 위로하고 교회에 덕을 세우며, 하나님의 나라를 확장하는 자들이라고 볼 수 있다.

(3) 복음 전하는 자

• '복음 전파의 은사'를 받은 자는 복음 전함에 있어서 초자연적인 역사와 함께 보통 신자보다 더 큰 열매를 맺을 수 있다.

＊교회(敎會)
영어의 church는 '주께 속한 자들'이라는 뜻에서 유래했고, 스페인어의 iglesia는 '세속의 삶에서 밖으로 부름받은 자들의 모임'이라는 뜻이다.

• 목회자는 대체로 이미 믿고 있는 성도에게 말씀을 전하는 자인 반면에, 복음 전하는 자는 아직 주님을 영접하지 않은 사람들을 대상으로 복음을 전한다는 점에 차이가 있다.

(4) 목사와 교사

• 목사와 교사는 말씀으로 성도를 양육하고 이끌어주는 교회의 지도자이기 때문에 성경은 목사와 교사를 함께 언급하고 있다.

▶ 목사직은 말씀과 성령충만으로 성도를 양육하고, 성도의 생활 전반을 지도하는 목회의 은사를 가리킨다.

▶ 교사직은 진리의 말씀으로 성도를 바르게 가르쳐 양육하는 은사를 말한다.

2) 직임을 수행하는 은사(롬 12:7~9)

(1) 섬김의 은사

• 섬김의 은사란 주님을 섬기는 일뿐만 아니라 다른 사람을 돕는 은사(롬 12:7)를 가리킨다.

▶ 섬김은 교회에 봉사하는 것뿐만 아니라 성도가 각 가정을 보살피고 사랑을 실천하는 은사이다.

• 섬김의 은사는 칭찬과 관계없이 자원하여 기쁨과 성실로 몸된 교회를 섬기는 것이다.

＊목사와 교사의 차이점

목사와 교사는 연관이 있다(엡 4:11). 두 단어를 서로 바꾸어 사용할 수 있다는 말은 아니다. 목사가 아닌 교사는 있지만, 교사가 아닌 목사는 있을 수 없다(행 20:28~30). 즉 목사의 직무는 교사의 직무를 포함하고 있는 것이다.

＊로마서 12:7~9

"혹 섬기는 일이면 섬기는 일로, 혹 가르치는 일이면 가르치는 일로, 혹 위로하는 자면 위로하는 일로, 구제하는 자는 성실함으로, 다스리는 자는 부지런함으로, 긍휼을 베푸는 자는 즐거움으로 할 것이니라"

＊섬김

'섬김'이란 뜻의 헬라어 '디아코니아'는 '시중', '봉사' 등을 의미한다. 이 단어의 기본 의미는 '식탁에서 시중드는 것'이다. 현재 교회에서 사용하는 '집사'라는 말도 이 단어에서 나온 것이다.

(2) 가르침의 은사

- 가르치는 은사는 '진리의 말씀을 다른 사람에게 전달하는 것'을 말한다.

- 가르침의 은사로 성도가 주님의 말씀과 훈계를 잘 깨달아 바른 길로 나아가도록 인도해야 한다.

(3) 위로의 은사

- 위로의 은사는 문제를 가진 성도를 위로하고 권면함으로 문제가 해결되게 하는 것이다.
  ▶ 사울이 회심하여 바울이 되었을 때, 다른 사도들이 그를 의심하여 만나지 않으려고 했지만 바나바는 '위로의 은사'를 사용하여 사도들을 변화시켰다(행 9:26~27).

- 성령의 은사에 의한 위로는 큰 힘과 용기를 준다.

(4) 구제의 은사

- 다른 사람의 필요에 민감하여 즐거움과 순수함으로 서슴치 않고 필요를 채워주는 데 기쁨을 삼는 은사이다(롬 12:8).

- 하나님이 주신 구제의 은사를 자기의 사명으로 알고, 그 일에 자원하여 행하는 것이다.

▶ 구제의 대상은 꼭 가난한 사람에게만 초점을 맞추는 것이 아니다.

▶ 구제를 받으면 부끄러워하고, 구제를 하면 월등한 위치에 있는 것이 아니다.

▶ 구제의 은사는 하나님이 주신 구제의 마음과 물질을 통하여 하는 것이다.

(5) 긍휼을 베푸는 은사

• 긍휼은 마음의 상처를 입은 사람, 불쌍한 사람, 연약하고 소외된 사람에게 도움을 베푸는 일이다.

• 불쌍한 사람에게 성령님의 인도하심에 따라 기쁨과 사랑을 행동으로 보여주는 것이다.

• 위로가 말을 통한 동정에 중점을 둔다면, 긍휼을 베푸는 은사는 사랑의 행위를 통한 실천에 중점을 둔다.

(6) 다스림의 은사

• 특별한 목표를 달성하기 위해 다른 사람의 활동과 협력을 이끌어낼 수 있는 은사이다.

• 다스림의 은사를 소유했던 대표적 인물이 구약의 느헤미야이다. 그는 다스림의 은사로 포로 귀환 후 예루살렘의 성벽 건축을 완수하였다.

＊다스림

헬라어로는 '퀴베르네테스'라고 하는데 '조종자', '선장'이라는 뜻이다(행 27:11; 계 18:17). 기독교에서의 다스림은 세속적인 개념의 통치와 지배의 의미가 아니다. 예수님이 제자들에게 본을 보여주신 사랑의 섬김이다.

▶ 그는 일의 최종 결과를 보는 능력이 있었다(느 1:2~3, 2:5).

▶ 백성의 기운을 북돋우고, 그들을 인정하고 칭찬하였으며 도전을 줌으로써 용기를 갖게 하는 능력이 있었다(느 2:1, 4:14).

▶ 최종 목표에 도달하기 위하여 내부나 외부 사람의 반발을 기꺼이 견디어 냈다(느 4:8~18).

▶ 완성된 결과에 모두가 함께 모여 기뻐하고 이를 누렸다(느 8장).

3) 초자연적인 은사(고전 12:8~10)

(1) 지혜의 말씀의 은사(고전 12:8)

• 지혜의 말씀의 은사는 성경을 통해 하나님으로부터 오는 지혜의 말씀이다.

▶ 지혜의 중심은 하나님의 능력이며, 실제의 상황을 보고 해결하는 인간의 지혜보다 훨씬 더 높은 것이다.

• 인간의 지혜로 풀 수 없는 어려움에 처했을 때 성령님이 주시는 지혜로 난관을 헤쳐 나가는 은사이다.

▶ 솔로몬이 한 아이를 놓고 다투는 두 여인의 판결에서 하나님의 지혜의 은사를 받아 잘 해결했다(왕상 3:16~28).

*** 초자연적인 은사**

1. 계시의 은사
   ① 지혜의 말씀
   ② 지식의 말씀
   ③ 영 분별

2. 발성의 은사
   ① 방언
   ② 방언 통역
   ③ 예언

3. 권능의 은사
   ① 믿음
   ② 병 고침
   ③ 능력 행함

*** 지혜(智慧, wisdom)**

하나님의 속성이나 하나님으로부터 받은 사물의 이치를 빨리 깨닫고 사물을 정확하게 처리하는 정신적 능력을 말한다.

*** 고린도전서 12:8~10**

"어떤 사람에게는 성령으로 말미암아 지혜의 말씀을, 어떤 사람에게는 같은 성령을 따라 지식의 말씀을, 다른 사람에게는 같은 성령으로 믿음을, 어떤 사람에게는 한 성령으로 병 고치는 은사를, 어떤 사람에게는 능력 행함을, 어떤 사람에게는 예언함을, 어떤 사람에게는 영들 분별함을, 다른 사람에게는 각종 방언 말함을, 어떤 사람에게는 방언들 통역함을 주시나니"

(2) 지식의 말씀의 은사(고전 12:8)

- 전지하신 하나님으로부터 오는 지식으로 인간의 노력으로는 알 수 없는 지식을 깨닫는 은사이다.

- 이 은사를 통하여 하나님은 인간에게 어떤 사실을 초자연적으로 드러내 주신다.

- 지식의 말씀의 은사는 어떤 어려운 상황을 만났을 때 '하나님의 의도' 아래서 필요한 정보를 제공해 주는 것이다.
  - ▶ 사무엘이 왕으로 택함 받은 사울을 만나게 되는 과정과, 사울이 잃어버렸던 나귀를 찾는 사건을 통하여 '지식의 말씀'의 은사가 주어졌던 것을 알 수 있다(삼상 9:1~6, 18~21, 10:1~4).
  - ▶ 나단 선지자는 '지식의 말씀'을 받아서 다윗 왕과 밧세바의 은밀한 간음 사건을 알았고, 이 사건을 어떻게 처리해야 할지도 알았다(삼하 12:1~13).

(3) 믿음의 은사(고전 12:9)

- '믿음의 은사'는 보통 사람의 생각으로는 상상할 수 없는 큰 믿음이 생겨나 기적을 일으키는 것이다(막 11:22~23).

*** 지식(知識, knowledge)**
어떤 대상에 대하여 배우거나 실천을 통하여 알게 된 명확한 인식, 이해를 뜻한다.

*** 마가복음 11:22~23**
"예수께서 그들에게 대답하여 이르시되 하나님을 믿으라 내가 진실로 너희에게 이르노니 누구든지 이 산더러 들리어 바다에 던져지라 하며 그 말하는 것이 이루어질 줄 믿고 마음에 의심하지 아니하면 그대로 되리라"

• 성경에서의 믿음은 예수님을 구주로 믿고 '구원받는 믿음'(요 3:16)과 성령님의 역사를 통하여 기적을 일으키는 '능력을 나타내는 믿음'이 있다(롬 10:17; 눅 9:41).

▶ 예수님은 귀신 들려 간질에 걸린 아이를 치료 못하는 제자들에게 겨자씨만한 믿음만 있어도 기적을 나타낼 수 있다고 하시면서, 그들에게 '능력을 나타내는 믿음'을 요구하셨다(마 17:20).

(4) 병 고치는 은사(고전 12:9)

• '성령님의 능력으로 육체의 질병뿐 아니라 사람의 마음의 병과 정신의 병을 고치는 것'을 말한다.

• 병 고침을 위한 기도는 모든 성도가 할 수 있지만, 일반적인 치유의 범위를 벗어나는 치료의 능력은 병 고치는 은사를 받은 사람들에게 많이 나타난다(출 15:26; 막 16:17~18).

• 병 고치는 기적(신유)에서 치료의 주체는 은사를 받은 사람이 아니며 성령님이 그를 도구로 삼아 치료하신다는 것을 알아야 한다.

(5) 능력 행함의 은사(고전 12:10)

• 능력 행함의 은사를 받은 사람이 자연계 안에

*** 출애굽기 15:26**
"이르시되 너희가 너희 하나님 나 야훼의 말을 들어 순종하고 내가 보기에 의를 행하며 내 계명에 귀를 기울이며 내 모든 규례를 지키면 내가 애굽 사람에게 내린 모든 질병 중 하나도 너희에게 내리지 아니하리니 나는 너희를 치료하는 야훼임이라"

*** 마가복음 16:17~18**
"믿는 자들에게는 이런 표적이 따르리니 곧 그들이 내 이름으로 귀신을 쫓아내며 새 방언을 말하며 뱀을 집어 올리며 무슨 독을 마실지라도 해를 받지 아니하며 병든 사람에게 손을 얹은즉 나으리라 하시더라"

서 성령님의 초자연적인 간섭을 통하여 기적을 행할 수 있다.

- 능력을 행하는 은사의 배경에는 하나님의 사랑을 실현하기 위한 동기와 확실한 믿음이 있어야 한다.
  - ▶ 엘리야가 가뭄이 있는 동안 사르밧 과부의 집에 가서 가루와 기름이 안 떨어지게 한 것은 이 능력이 임했기 때문이다(왕상 17:8~16).
  - ▶ 예수님이 물을 포도주로 변화시키시는 사건(요 2:7~10)과 오병이어로 오천 명을 먹이시는 사건(마 14:14~21)도 능력 행함의 한 예표이다.

- 오늘날 선교지에서도 성령님은 신실한 선교사들을 통하여 능력 행함의 기적이 일어나게 하신다.

(6) 예언의 은사(고전 12:10)

- 하나님의 모든 예언은 이미 성경에 기록되었기 때문에, 성경이 기록될 때 주어진 '선지적 예언'은 오늘날 우리에게 주시는 '예언의 은사'와는 성격상 다른 것이다.
  - ▶ 성경이 말하는 예언의 은사는 '미래의 일을 알려주는 것'이 아니라 '하나님의 말씀'을 재조명하는 것이다.

- 예언의 은사는 교회에 덕을 세우고, 성도를 안위하는 '목회적 예언'이고, 하나님의 말씀을 대언하는 것이다. 그러나 예언은 성경에 기록된 말씀의 범위를 벗어날 수 없다(고전 14:3, 24, 25, 29, 39).
  - ▶ 예언은 기록된 성경 말씀에 의해 분별되고 판단되어야 한다.
  - ▶ 성경이 완성된 후 주어지는 예언은 성경 말씀과 동등한 권위를 갖는 것으로 보아서는 안 된다.

(7) 영 분별의 은사(고전 12:10)

- 영 분별은 사람의 생각을 읽어내는 것(독심술)이나 심리학적인 통찰력이 결코 아니다.

＊독심술(讀心術)
정신의 집중 또는 상대편의 몸가짐, 얼굴 표정, 얼굴 근육의 움직임 따위로 속마음을 알아내는 기술을 말한다.

- 영 분별은 상대방의 결점을 분별하는 능력도 아니다.
  - ▶ 타인의 결점을 드러내거나 분별하는 것은 성경에서 엄격히 금지하고 있다(마 7:1).

- 영 분별은 영적 영역에 존재하는 영들을 다루는 것이다. 즉 그 영들이 하나님에 속해 있는지, 사탄에게 속해 있는지, 사람에게 속해 있는지를 분별하는 것이다(요일 4:1~3; 딤전 4:1).

(8) 방언의 은사(고전 12:10)

- 영적인 언어로 말하는 기도로 하나님과 깊은 영적 교통을 가능하게 하며 개인 신앙의 발전에 큰 유익을 준다.

- 방언에는 성령침례를 받았다는 외적 증거로서의 '표적 방언'(행 2장)과 성령충만한 후의 증거로 나타나는 '은사 방언'(고전 12, 14장)이 있다.

- 표적방언을 받고 성령님과 함께 계속적으로 방언기도를 하면 표적방언은 은사방언으로 이어진다.

- 방언기도를 많이 할 때 나타나는 유익한 점은 다음과 같다.
  - ▶ 하나님에게 영적인 비밀을 말함으로 하나님으로부터 깊은 계시를 받을 수 있는 영적 교통을 가능케 한다(고전 14:2).
  - ▶ 마음에 깊은 근심이나 탄식으로 기도의 문이 막힐 때, 더 깊이 기도할 수 있는 통로가 된다(고전 14:14~15).
  - ▶ 예언은 듣는 사람의 덕을 세우는 데 반해 방언은 개인의 덕을 세워 개인의 신앙 향상을 가져온다(고전 14:4).
  - ▶ 하나님을 거부하거나 성령의 역사를 인정

＊표적(表迹)
하나님의 능력과 현존을 알게 해 주는 사물 또는 현상을 일컫는다.

＊고린도전서 14:2
"방언을 말하는 자는 사람에게 하지 아니하고 하나님께 하나니 이는 알아 듣는 자가 없고 영으로 비밀을 말함이라"

하지 않는 자들에게 증거의 표적으로 보일 수 있다(고전 14:22).

(9) 방언 통역의 은사(고전 12:10)

- 다른 사람이 방언으로 기도할 때 귀가 열리며 그 방언을 알아듣게 되는 은사를 의미한다.
  - ▶ 방언을 듣고 통역을 할 때, 귀로 듣는 것처럼 들리기는 하지만 사실은 영으로 듣는 것이다. 육의 귀로는 영의 비밀을 알아들을 수 없다(고전 14:2).

- 방언은 하나님이 통역하는 은사를 주셔서 그 뜻을 알려주시기 전에는 아무도 알아듣지 못한다.

- 방언 통역은 성령의 영적 감동을 받을 때에만 가능하고, 그렇지 않을 때의 방언 통역의 내용은 하나님의 말씀과 동등하게 여길 수 없다.

- 방언의 통역으로 이해할 수 있는 내용은 예언과 동일한 효과가 있다고 볼 수 있다(고전 14:13).

***방언 통역의 은사의 유형**

1. 일반 언어의 통역처럼 한 마디에 대해 한 마디 통역을 하는 경우가 있다.
2. 방언기도의 전체를 요약하는 통역이 있다.
3. 전체 방언기도를 듣고 어떤 주제로 기도했는가에 대한 통역이 있다.

4. 은사를 발견하는 법

하나님이 성도에게 여러 가지 다양한 은사를 주시는 이유는 그 은사를 통하여 그리스도의 몸 된 교회를 세우고, 성도 개인에게 신앙의 성장을 이루게 하려 함이다.

따라서 자신에게 어떤 은사가 주어졌는지를 확인하는 것은 매우 중요한 일이다. 자신에게 주어진 은사를 통해 하나님에게 영광을 돌리는 성도가 되기 위하여 은사를 발견하는 다섯 단계에 대해 알아본다.

1) 자신의 마음 문을 열어야 한다

성도는 스스로 하나님이 사용하시는 통로가 되기 위하여 은사를 발견할 때, 먼저 하나님 앞에 열린 마음을 가져야 한다.

2) 자신의 갈망을 검토한다

성도는 스스로 주님의 몸 된 교회에 봉사하기 위하여 어떤 일 하기를 원하는지 검토해야 한다.

3) 교회의 필요를 확인한다

본인이 섬기는 교회에 가장 필요한 일이 무엇

인지를 확인한다. 교회가 필요로 하는 일에 어떻게 공헌할 수 있는지를 점검해 본다.

4) 자신의 노력의 결과를 평가한다

교회를 위하여 갈망하고, 필요한 일을 한 이후 마음에 기쁨이 있고 또한 좋은 열매가 있었는지를 평가한다. 자신의 섬김과 봉사가 교회 공동체에 어떤 유익을 가져왔는지 살펴본다.

5) 성령님의 인도를 따른다

예수 그리스도에게 절대적으로 순종하도록 이끄시는 성령님의 인도를 따른다.

5. 은사의 올바른 사용 원리

고린도교회는 그들이 자랑하던 풍성한 은사로 인하여 오히려 많은 문제에 직면했다. 사도 바울은 이 문제를 해결하기 위하여 고린도전서 12~14장에서 올바른 은사 사용의 원리를 제시하고 있다.

1) 질서와 조화의 원리

하나님은 질서와 화평의 하나님이시다(고전 14:33). 성령님이 주신 은사를 사용할 때에도 이

＊질서(秩序)
혼란 없이 순조롭게 이루어지게 하는 사물의 순서나 차례를 말한다.

＊조화(調和)
서로 잘 어울림

러한 하나님의 말씀에 순종하여 남을 나보다 낫게 여김으로(빌 2:3) 주님의 몸인 교회 안에 질서와 조화를 가져와야 한다.

2) 절제의 원리

성도가 성령님으로부터 아주 특이한 은사를 받았다고 할지라도, 그 은사를 사용해서 공동체의 질서를 파괴하거나 공동체에 속한 사람들에게 해를 주면 안 된다. 성령님의 은사를 사용할 때는 질서를 흩트리지 않도록 자제하는 자세가 중요하다.

사도 바울은 주님의 사역에 있어서 "모든 것이 가하나 모든 것이 유익한 것은 아니요"(고전 10:23)라고 절제를 요구하고 있다.

3) 사랑 동기의 원리

사도 바울은 "너희는 더욱 큰 은사를 사모하라 내가 또한 가장 좋은 길을 너희에게 보이리라"(고전 12:31)고 했는데 성령의 은사를 사용하는데 있어서 가장 좋은 길은 사랑이다.

은사를 순수한 사랑의 동기에서 사용하지 않는다면 어떠한 기적도 가치가 없다. 사랑만이 은사의 가치와 사용의 올바름을 평가하는 절대적이고 유일한 기준이다.

4) 덕 세움의 원리

하나님이 성도에게 성령의 은사를 주시는 목적은 '개인의 덕'을 드러내기 위한 것뿐만 아니라, '교회에 덕'을 쌓기 위함이다. 덕을 세움의 헬라어 '오이코도메'의 원래 뜻은 '벽돌 하나하나를 쌓아 올림'을 말하는데, 이는 은사를 사용하여 주님의 몸 된 교회를 덕이 있게 쌓아 가라는 의미이다.

은사를 받은 성도 개개인은 하나님의 영광을 나타내기 위한 도구에 지나지 않으므로, 자신이 영광을 받는 자가 될 수 없다. 따라서 성도가 받은 은사가 어떤 것이든지 하나님의 나라를 섬기고 확장하기 위하여 사용해야 한다.

*** 덕을 세움**
도덕적, 윤리적 이상 실현을 위한 사려 깊고 인간적인 성품으로 본을 보이는 것을 말한다.
덕을 세우는 의무는 그리스도인 개인 또는 교회의 중요한 의무로 인식되었다(롬 14:19; 고전 14:3, 5; 고후 12:19; 엡 4:29).

5) 말씀 기준의 원리

성령님은 성경의 저자이시기 때문에 성령님의 역사하심은 성경 말씀과 일치한다. 우리에게 나타난 은사가 성령님으로 말미암았는지, 사람의 영으로 말미암았는지 또는 악령으로 말미암았는지에 대해 성경에 비추어 보아야 한다. 모든 성령의 은사에 대한 분별의 기준은 성경이다.

16과

성령의 열매

1. 성령의 열매의 의미

1) 열매의 상징성

2) 육체의 일과 성령의 열매의 차이

3) 성령의 은사와 성령의 열매의 차이

4) 성령의 은사와 성령의 열매의 관계성

2. 성령의 열매

1) 사랑

2) 희락

3) 화평

4) 오래 참음

5) 자비

6) 양선

7) 충성

8) 온유

9) 절제

3. 성령의 열매를 맺는 삶

1) 예수님에게 접목되는 삶

2) 말씀에 거하고 인도함 받는 삶

3) 성령충만한 삶

THE HOLY SPIRIT AND MAN

16과 성령의 열매

1. 성령의 열매의 의미

성령의 열매는 하나님의 영이 인간 속에서 생동감 있게 역사함으로 나타나는 예수님의 인격이다. 성령의 열매는 인간의 인격 내부에 그리스도의 형상을 이루어 내는 일이기 때문에 인간과 성령님이 함께 참여하지만 주도권은 성령님에게 있다. 성도는 성령충만을 유지하여 성령의 인도하심에 순응하여 따라갈 때 열매를 맺을 수 있다.

1) 열매의 상징성

열매는 어떤 일이나 삶에서 나타난 결과물을 뜻한다. 성경은 열매를 통해 신앙 상태를 상징적으로 표현하거나 교훈하고 있다.

성경에는 주로 신앙의 아름다운 열매에 대해 많이 언급하고 있다. 믿음의 열매, 의의 열매, 빛의 열매, 입술의 열매, 회개의 열매, 성령의

*** 인격(人格)**
사람으로서 갖추어야 할 품격

*** 상징(象徵)**
추상적인 사실이나 생각, 느낌 따위를 대표적인 기호나 구체적인 사물로 나타내는 것을 말한다.

열매, 이는 성도의 삶에 있어 열매가 얼마나 의미 있는 영적 실체인지를 잘 말해 준다.

2) 육체의 일과 성령의 열매의 차이

사도 바울은 '성령의 열매'(갈 5:22~23)를 현저하게 드러내기 위하여 '육체의 일'(갈 5:19~21)을 먼저 드러냈다. 육체의 일과 성령의 열매의 차이점은 무엇일까?

육체의 일(행위)은 육체의 소욕에 따라 나타나는 모든 행위를 말한다. 사람은 죄 짓는 일은 가르쳐 주지 않아도 자동적으로 한다. 그래서 '일'(갈 5:19)이라는 표현을 썼다.

반면에 성령의 열매는 '일'이 아닌 '열매'(인격)로 나타난다. 열매는 기다려야 하며 때가 있다. 성령의 열매는 우리가 성령님을 따라 살아갈 때 우리의 인격 속에 맺어지는 결과물이다.

성령의 열매는 흉내 내는 행위가 아니라 삶 자체요, 인격이다. 아무리 거룩해 보여도 육체의 소욕에서 비롯된 것이면 성령의 열매라고 할 수 없고, 성령님의 역사하심에 의해 삶에 그 품성이 나타나면 그것은 성령의 열매이다.

3) 성령의 은사와 성령의 열매의 차이

성령의 은사는 사람이 주님에게 봉사하기 위

*** 성령의 열매(갈 5:22~23)**
"오직 성령의 열매는 사랑과 희락과 화평과 오래 참음과 자비와 양선과 충성과 온유와 절제니 이같은 것을 금지할 법이 없느니라"

*** 육체의 일(갈 5:19~21)**
"육체의 일은 분명하니 곧 음행과 더러운 것과 호색과 우상 숭배와 주술과 원수 맺는 것과 분쟁과 시기와 분냄과 당 짓는 것과 분열함과 이단과 투기와 술 취함과 방탕함과 또 그와 같은 것들이라 전에 너희에게 경계한 것 같이 경계하노니 이런 일을 하는 자들은 하나님의 나라를 유업으로 받지 못할 것이요"

한 '능력'으로 주어지는 것인 반면에, 성령의 열매는 사람이 그리스도 안에서 맺는 '인격'이다. 성령의 은사는 복수이지만 성령의 열매는 단수이다. 성령의 아홉 가지 열매가 단수로 표현된 것은 성도가 아홉 가지 열매를 모두 맺어야 함을 의미한다.

성령의 은사는 은사를 받은 성도의 겉으로 나타난 외적인 것이지만, 성령의 열매는 성도의 내부에 맺혀진 그리스도의 성품이다. 또한 성령의 은사는 그 은사를 받은 사람에게 일시적으로 나타나지만, 성령의 열매는 모든 그리스도인에게 지속적으로 맺어진다.

*** 성품(性稟)**
개인이 가지는 사고와 태도 및 행동 특성을 말한다.

4) 성령의 은사와 성령의 열매의 관계성

성령의 은사와 열매는 분명한 차이가 있지만, 성령의 열매와 성령의 은사는 동일한 성령님의 사역에 의하여 일어나는 일이다. 이 둘은 모두 개인의 신앙생활에 덕을 세울 뿐만 아니라 주님의 몸 된 교회에 덕을 세우기 위하여 성령님이 주시는 것이다.

예수님은 성령의 은사는 행하였으나 성령의 열매를 맺지 못하는 사람은 심판의 날에 주님으로부터 인정을 받지 못할 것이라고 말씀하셨다 (마 7:21~23).

*** 덕(德)**
하나님이 주시는 은혜로 인해 이루게 되는 탁월한 성품 (잠 22:11; 빌 4:8; 벧후 1:3, 5; 롬 14:19; 엡 4:29; 살전 5:11)

2. 성령의 열매

갈라디아서 5장 19~23절에는 '육신의 일'과 '성령의 열매'의 비교가 나온다. 죄의 본성에서 나오는 '일'(ἔργα)은 복수로 되어 있고, 성령으로부터 나온 '열매'(καρπός)는 단수로 되어 있다. 즉, 죄는 개별적으로 존재하고, 성령의 열매는 통합적으로 존재한다는 의미이다.

한 가지 죄를 범했다고 해서 모든 죄를 범한 것은 아니다. 그러나 성령의 열매는 하나를 가지면 모든 것을 가지게 된다.

예를 들어, 사랑이 있는 사람은 기뻐할 수 있고 평화로우며 인내심이 있고, 친절하며 선하고, 충성을 다하며 온유하고, 자신을 절제한다.

1) 사랑(love)

(1) 사랑의 의미

- 성령의 열매로서 사랑, 즉 '아가페'(ἀγάπη)는 무조건적이고 희생적인 사랑, 먼저 베푸는 하나님의 사랑이다(눅 6:27~28).

- 죄인 된 인간을 먼저 사랑하시고, 독생자 예수 그리스도를 내어주심은 하나님의 무조건적인 사랑의 표현이다(요 3:16).

*** 사랑의 종류**

1. 아가페 : 하나님의 무조건적 사랑
2. 필레오 : 친구 사이의 사랑
3. 스톨게 : 부모와 자식 간의 사랑
4. 에로스 : 남녀 간의 사랑

• 이런 사랑은 자연적으로는 불가능하고, 하나님의 사랑이 성령에 의하여 인간의 마음속에 부어질 때 나타난다(롬 5:5).

(2) 사랑의 대상

• 사랑의 열매를 맺기 위하여 성도가 사랑해야 하는 대상은 하나님과 이웃과 자기 자신이다.

• 하나님

▶ 하나님은 그 누구보다도 우리가 가장 사랑해야 할 분이시다.

▶ 성경은 우리에게 마음을 다하고, 뜻을 다하고, 목숨을 다하여 하나님을 사랑하라고 가르치고 있다(신 6:5; 막 12:30).

• 이웃

▶ 성경은 이웃을 사랑하라고 말한다. 이웃 사랑이란 자신이 할 수 있는 최선의 것으로 이웃에게 행하는 것이다(눅 10:29~37).

▶ 이웃을 사랑함에 있어서는 주 안에서 형제자매 된 자들을 우선 사랑해야 한다.

• 자기 자신

▶ 하나님의 사랑과 은혜를 깨달은 자는 자신이 얼마나 귀중한 존재인가를 알고, 스스로를 사랑하고 용납해야 한다.

＊마가복음 12:30
"네 마음을 다하고 목숨을 다하고 뜻을 다하고 힘을 다하여 주 너의 하나님을 사랑하라 하신 것이요"

＊용납(容納)
1. 너그러운 마음으로 남의 말이나 행동을 받아들임
2. 어떤 물건이나 상황을 받아들임

▶ 우리는 갈보리 십자가의 피 값으로 대속 받을 만큼 가치가 있는 존재라는 새로운 자의식을 가져야 한다.

▶ 우리는 하나님의 형상대로 지음 받은 존재이고(창 1:27), 하나님의 택하신 족속, 왕 같은 제사장, 거룩한 나라이며, 그의 소유된 백성이다(벧전 2:9).

＊베드로전서 2:9
"그러나 너희는 택하신 족속이요 왕 같은 제사장들이요 거룩한 나라요 그의 소유가 된 백성이니 이는 너희를 어두운 데서 불러내어 그의 기이한 빛에 들어가게 하신 이의 아름다운 덕을 선포하게 하려 하심이라"

(3) 사랑의 열매를 맺고 있는 증거

• 대적하는 자를 만날 때

▶ 자신을 대적하는 원수를 만나도 그들을 불쌍히 여기는 마음이 생긴다면 사랑의 열매를 맺고 있는 것이다.

▶ 성령님의 역사하심 없이 자신의 원수를 사랑할 수 없다.

• 이웃을 대할 때

▶ 이웃을 나보다 낫게 여기고(빌 2:3), 자신을 높이려는 마음을 지양하고 있다면 성령의 열매를 맺고 있다는 증거이다.

▶ 최선을 다해 이웃을 섬기는 마음이 성령의 열매이다.

• 이웃의 죄를 볼 때

▶ 이웃의 죄와 허물에 대해 율법의 잣대를 들이대고 정죄하는 것은 스스로 하나님이

되려는 행위이다.

▶ 이웃의 허물을 은혜로 덮어주는 것이 열매 맺는 사랑이다.

(4) 사랑의 열매를 맺는 방법

- 사랑의 예수님을 나의 주로 영접하고 그분을 닮는 삶을 살아갈 때, 성령님을 통하여 우리 마음에 열매가 맺히게 된다(롬 5:5).

- 예수님의 사랑을 체험한 사람만이 그 사랑을 전할 수 있고, 그 사랑을 전하는 사람이 사랑의 열매를 맺을 수 있다.

2) 희락(joy)

(1) 희락의 의미

- 헬라어 '카라'(χαρα)는 '기쁨', '즐거움', '환희'를 뜻하는데, 이것은 성경적으로 성령충만을 받은 자의 영혼에서 솟아나는 기쁨과 환희를 의미한다.

- 희락은 하나님 안에서의 기쁨, 죄 사함에 대한 기쁨, 그리스도와의 교제의 기쁨, 천국에 대한 소망에 대한 기쁨이다.

▶ 세상이 주는 기쁨이나 즐거움은 영원히 지속되지 않을 뿐만 아니라 상황이나 여건에

＊환희(歡喜)
1. 매우 기뻐함, 또는 큰 기쁨
2. 몸의 즐거움과 마음의 기쁨을 통틀어 이르는 말

따라 수시로 변한다.

(2) 희락의 근원

- 희락의 근원은 하나님이시다. 그러므로 하나님을 기뻐하는 것이 우리의 힘이다(느 8:10).

- 예수 그리스도는 우리 기쁨의 또 다른 출발점이 되신다.
  ▶ 예수 그리스도께서 세상에 다시 오셔서 모든 사탄의 세력을 멸하시고, 의와 평강과 희락으로 다스리시는 그날을 바라볼 때 우리는 진심으로 기뻐할 수 있다.

- 성령님은 성도의 부활을 보장해 주시며, 우리는 부활의 소망 가운데 기쁨으로 충만할 수 있다(고후 5:1~5).

(3) 희락의 열매에 대한 증거

- 시험과 핍박을 당할 때
  ▶ 여러 가지 시험이 다가와도 마음속에 기쁨이 있다면 희락의 열매를 맺고 있는 사람이다.
  ▶ 감당하기 어려운 핍박 가운데서도 좌절하지 아니하고 오히려 기쁨으로 충만하다면 성령의 열매를 맺고 있는 것이 분명하다(마 5:10~12).

＊시험(試驗)
1. 하나님이 신앙의 성숙을 위하여 주시는 시험(test)이 있다.
2. 사탄이 성도를 넘어지게 하는 시험(temptation)이 있다.

- 구원의 기쁨이 있을 때
  - ▶ 구원받음에 대한 진정한 기쁨이 있으면 성령의 열매를 맺은 사람이다.
  - ▶ 다른 사람이 구원받아 하나님의 사랑받는 자녀가 되는 것을 볼 때 마음에 기쁨이 넘치면 이것도 성령의 열매인 희락이다.

(4) 희락의 열매를 맺는 방법

- 성령님을 인정하고 환영하고, 모셔 들이고, 의지하면, 환난 가운데서도 성령님이 주시는 기쁨으로 충만하여 성령의 열매를 맺게 된다 (살전 1:5~6).
  - ▶ 성령의 소욕을 따라 육의 소욕을 죽이면 희락의 열매가 풍성히 맺힌다.

＊데살로니가전서 1:6
"또 너희는 많은 환난 가운데서 성령의 기쁨으로 말씀을 받아 우리와 주를 본받은 자가 되었으니"

3) 화평(peace)

(1) 화평의 의미

- 헬라어 '에이레네'(εἰρήνη)는 화평, 평안, 평화, 평강을 의미하며, 성령의 열매와 관련하여 성령을 받은 자의 내적 · 외적인 평화를 말한다.
  - ▶ 주님이 성령 안에서 주시는 평화는 세상이 주는 것과 같지 않기 때문에 주님이 주시는 평안을 받아들여야 진정한 평안을 누릴 수 있다(요 14:27).

(2) 화평의 근원

- 하나님과 사람 사이를 화평하게 하고, 이웃 사이를 화해시키는 예수 그리스도의 십자가에서 화평이 시작된다.
  - ▶ 예수님의 보혈을 통하여 하나님과 인간, 인간과 인간, 인간과 자연 사이의 화평이 회복되었다(엡 2:14).

- 화평은 인간의 범죄로 인해 하나님과 인간, 인간과 인간, 인간과 자연 사이의 관계가 파괴된 것을 회복하는 것이다.

(3) 화평의 대상

- 하나님
  - ▶ 범죄한 인간은 하나님과 원수가 되었으나 예수 그리스도의 십자가 희생을 통하여 하나님과 인간 사이에 평화가 회복되었다(엡 2:16).
  - ▶ 하나님과의 화평은 하나님과의 관계 회복을 의미한다.
  - ▶ 하나님과 관계가 회복될 때 우리 마음에 진정한 평화가 깃든다.

- 이웃
  - ▶ 이웃과의 화평은 소극적 평화가 아니라 환경을 뛰어 넘는 적극적인 화평이다(롬 12:18; 살전 5:13).

*** 로마서 12:18**
"할 수 있거든 너희로서는 모든 사람과 더불어 화목하라"

▶ 성령님 안에서 화평의 열매를 맺을 때, 하나님의 자녀라 일컬음을 받을 수 있다(마 5:9).

(4) 화평의 열매에 대한 증거

• 하나님과의 화평에서

▶ 자신의 생각이나 환경에 상관없이 기쁨으로 하나님과 화평하는 것은 성령의 열매이다.

• 대인 관계에서

▶ 화평의 열매를 맺는 사람은 자기와 다른 생각, 다른 은사를 가진 사람과의 관계에서도 자기를 드러내거나 자기의 유익을 구하지 아니하고 이웃과의 화평을 구하는 사람이다.

• 마음의 평화를 통해

▶ 성령의 열매인 화평은 인간의 생각을 초월하여 마음속 깊은 곳에서 솟아나는 평화이며, 환난과 핍박 가운데서도 넘쳐나는 평안이다(행 12:5~10).

(5) 화평의 열매를 맺는 방법

• 자신의 주장을 버리고 성령님의 생각을 마음에 받아들여야 한다(롬 8:6).

• 모든 것을 주님에게 맡기고 감사함으로 기도 한다(빌 4:6~7).

▶ 성령님에게 순종하여야 화평의 열매를 맺을 수 있다(롬 14:17).

• 열매를 맺기 위해 포도나무가 가지에 붙어 있는 것처럼 예수님과 인격적인 관계를 맺어야 한다(요 15:4).

4) 오래 참음(patience)

(1) 오래 참음의 의미

• 헬라어 '마크로튀미아'(μακροθυμια)는 '어려움 가운데서도 포기하지 않고 꾸준히 지속하는 것'을 말한다.

• 성령의 열매로서 '오래 참음'은 '선을 이루기 위해서 환난과 핍박, 어려움을 끈기 있게 견디어 낸다'는 의미를 가진다.

▶ 억울한 일에도 분이나 앙심, 원한을 품지 않고 견디어 내는 것이다.

(2) 오래 참음이 요구되는 이유

• 영적 성장을 위해서

▶ 육체의 성장에도 시간이 필요하듯, 영적 성장에도 기다림이 필요하다.

***요한복음 15:4**
"내 안에 거하라 나도 너희 안에 거하리라 가지가 포도나무에 붙어 있지 아니하면 스스로 열매를 맺을 수 없음 같이 너희도 내 안에 있지 아니하면 그러하리라"

▶ 하나님의 뜻을 알고, 우리 안에 그 뜻을 실천하고 이루기 위해서는 성령님의 인도하심을 받고 기다려야만 한다.

• 이웃과 관계 개선을 위해서

▶ 다른 사람과 좋은 관계를 유지하기 위하여 성급한 판단을 하거나 화를 내기보다는 사랑과 관용으로 인내함이 필요하다.

• 영적 전쟁의 승리를 위해서

▶ 세상에 존재하는 악에 대하여 즉각 대응하기보다는 기도하며 오래 참아야 승리할 수 있다.

▶ 예수님이 재림하실 때, 지상의 악은 사라질 것이므로 그날의 승리를 바라보며 인내하여야 한다.

*** 영적 전쟁(靈的 戰爭)**
인간 육체의 혈과 육을 상대로 하는 싸움이 아니고 어둠의 세상 주관자들과 하늘에 있는 사탄을 상대로 하는 싸움이다(엡 6:12).

(3) 오래 참음의 열매를 맺기 위한 방법

• 하나님의 말씀을 붙든다.

▶ 오래 참음의 열매를 맺는 그리스도인은 하나님의 약속이 반드시 이루어질 것을 기대하고 절대 낙심하지 않는다.

• 소망을 잃지 않는다.

▶ 고난과 역경 가운데서도 좌절하지 아니하고 믿음과 소망을 잃지 않는다.

• 하나님의 선하심을 믿는다.

▶ 악을 행하고 불의를 행하는 자 앞에서도 하나님의 선하심을 믿고 기다리면 오래 참음의 열매를 맺고 있다는 증거이다(약 5:7~8).

5) 자비(kindness)

(1) 자비의 의미

• 자비를 의미하는 헬라어 '크레스토테스'(χρηστότης)는 '유순'(살전 2:7), '온유'(딤후 2:24), '관용'(약 3:17; 딛 3:2), '인자'(롬 2:4) 등으로 번역된다.

• 자비란 다른 사람에게 잘못이 있을지라도 그들을 사랑으로 대하는 태도이고, 인자한 친절과 사랑의 행위를 말한다.

(2) 자비의 열매를 맺고 있는 증거

• 자신의 영광을 나타내지 않는다.

▶ 자신의 위치나 영광을 드러내지 않고 다른 사람에게 사랑과 친절을 베풀고 있다면 자비의 열매를 맺고 있다는 증거이다.

• 자기 유익을 얻으려고 하지 않는다.

▶ 자기의 유익을 구할 수 있음에도 구하지 않고, 다른 사람의 사정을 살피고 돕는 사

＊야고보서 5:7~8
"그러므로 형제들아 주께서 강림하시기까지 길이 참으라 보라 농부가 땅에서 나는 귀한 열매를 바라고 길이 참아 이른 비와 늦은 비를 기다리나니 너희도 길이 참고 마음을 굳건하게 하라 주의 강림이 가까우니라"

＊영광(榮光)
원래는 성막의 지성소 안에, 법궤 위에 있는 그룹 천사들 사이에 임한 빛을 이르는 말로, 빛나는 영예, 가치, 명성 등을 가리키는 말이다.

람은 성령의 사람이다.

(3) 자비의 열매를 맺기 위한 방법

• 이웃을 사모하는 마음이 넘쳐야 한다.

▶ 사도 바울은 주 안에서 형제 된 자들을 사랑하며 그들 보기를 사모하였다(살전 2:6~8).

• 이웃에게 사랑을 몸소 실천한다.

▶ 사도 바울은 그의 사랑하는 자들을 향하여 자신의 목숨까지도 기쁨으로 내어놓을 수 있다고 했다(살전 2:8).

6) 양선(goodness)

(1) 양선의 의미

• 양선의 헬라어 '아가쏘쉬네'(ἀγαθωσυνη)는 '선량', '착함', '덕', '친절', '선한 일' 등을 의미한다.

▶ 성령의 열매로서 양선은 '보상을 기대하지 않고 다른 사람을 돕고, 그들에게 이익을 주고자 하는 마음'을 가리킨다.

▶ 성령의 열매인 양선은 성령님으로부터 나오는 선으로 '하나님을 닮아 의로운 선을 베푸는 행위'이다.

• 자비가 '다른 사람을 대하는 태도로서 그리

＊사모(思慕)
1. 애틋하게 생각하고 그리워 함
2. 우러러 받들고 마음속 깊이 따름

＊데살로니가전서 2:8
"우리가 이같이 너희를 사모하여 하나님의 복음뿐 아니라 우리의 목숨까지도 너희에게 주기를 기뻐함은 너희가 우리의 사랑하는 자 됨이라"

스도인의 성품'이라면, 양선은 '다른 사람을 위하는 사랑의 행위'라는 특성을 갖는다.

(2) 양선의 특징

• 양선은 그리스도 안에서 중생하여 본질이 착한 성품이다.

▶ 죄인은 욕심으로 인하여 악한 일을 행하나 중생한 사람은 거듭나 선한 존재가 되었으므로 선을 행한다(갈 6:10).

• 양선은 마음속의 착한 성품이 착한 행실로 나타나는 것이다.

▶ 나무는 열매로 알 수 있듯이, 그리스도인은 겉으로 드러난 선한 행실로 하나님의 사랑을 드러내게 된다.

(3) 양선의 열매를 맺기 위한 방법

• 은밀하게 행하라.

▶ 성경은 하나님이 기뻐하시는 선을 행할 때 오른손이 하는 일을 왼손이 모르게 하라고 가르치고 있다(마 6:3~4).

• 하나님을 신뢰하는 믿음으로 행하라.

▶ 우리가 선을 행하는 것은 하나님을 신뢰함으로(롬 14:23), 그분의 약속을 믿음으로 행하는 것이다(잠 19:17, 22:9).

＊갈라디아서 6:10
"그러므로 우리는 기회 있는 대로 모든 이에게 착한 일을 하되 더욱 믿음의 가정들에게 할지니라"

＊은밀(隱密)
속으로 숨어 있어서 겉으로 드러나지 아니함

• 하나님의 영광을 위해 행하라.

▶ 성령님이 주시는 힘으로 선을 행하는 것은 하나님에게 영광을 돌리는 일이 된다(고후 9:13).

▶ 믿는 자는 무슨 일에든지 하나님의 영광을 구해야 한다(고전 10:31).

7) 충성(faithfulness)

(1) 충성의 의미

• 헬라어 '피스티스'(πίστις)는 '믿음', '신뢰', '신용', '확신'을 의미하는 단어로 변절하지 않는 한결같은 마음을 가리킨다.

• 충성은 하나님과의 관계뿐만 아니라, 이웃과의 관계에 있어서 진실된 태도로 일관되게 나타내야 한다.

(2) 충성의 특징

• 불변성 : 변함없는 일관성 있는 태도가 충성이다.

• 신실성 : 말과 행동에 거짓이나 속임이 전혀 없는 절대적 신뢰가 있어야 한다.

• 지속성 : 상황의 변화에도 흔들리지 않고 일

관되게 지속돼야 한다.

• 희생정신 : 충성에는 자기희생이 따른다.

(3) 충성의 열매를 맺고 있는 증거

• 맡겨진 일을 계속한다.

▶ 맡겨진 일의 크고 작음에 상관없이 모든 일을 계속적으로 섬기며 충성하고 있다면 성령의 열매를 맺고 있다는 증거이다.

• 맡은 일에 흔들림이 없다.

▶ 고난과 역경 가운데서도 하나님에 대한 믿음이 흔들리지 아니하고, 그리스도의 제자된 삶을 살고 있다면 충성의 열매를 맺고 있는 증거이다.

8) 온유(gentleness)

(1) 온유의 의미

• 헬라어 '프라우테스'(πραύτης)는 '친절', '겸손', '동정', '용납'을 의미한다.

▶ 모든 사람을 용서하고 받아들이는 것으로, 그리스도의 마음으로 길들여진 상태를 뜻한다.

• 모든 사람을 용납할 수 있는 '따뜻한 마음',

'부드러운 마음'을 가리키며, 대적자를 위해서도 기도하는 마음의 태도를 말한다.

(2) 온유한 자의 특징

- 죄인을 관대하게 대한다.

- 온유한 자는 죄에 대하여는 엄히 경계하되, 잘못을 범한 자들에 대하여는 너그럽고 부드러운 태도를 취하는 사람이다(고전 9:27; 갈 6:1~2).

- 징계와 책망을 달게 받는다.
  ▶ 하나님과 사람에게 징계나 책망을 받을 때 너그러운 마음으로 달게 받는 태도를 지닌 사람이다.

(3) 온유의 열매를 맺고 있는 증거

- 다투지 않는다.
  ▶ 온유한 사람은 누구도 비방치 않고, 누구와도 다투지 않고 관용으로 대한다(딤후 2:24; 딛 3:2).

- 쉼을 얻는다.
  ▶ 마음이 온유한 사람은 남과 다툴 일이 없기 때문에 마음에 쉼을 누릴 수 있다(마 11:29).

＊마태복음 11:29
"나는 마음이 온유하고 겸손하니 나의 멍에를 메고 내게 배우라 그리하면 너희 마음이 쉼을 얻으리니"

• 땅을 기업으로 받는다.

▶ 땅(재물)의 욕심으로 서로 다투면, 쌍방이 모두 상처를 입거나 심지어 죽음으로 그 땅을 소유하지 못할 수도 있다.

▶ 예수님은 팔복을 말씀하실 때에 온유한 자는 땅을 기업으로 받을 것이라고 하셨고(마 5:5), 시편 기자는 온유한 자들은 땅을 차지하고 화평을 즐긴다고 했다(시 37:11).

9) 절제(self-control)

(1) 절제의 의미

• 헬라어 '엥크라테이아'(ἐγκράτεια)의 문자적 의미는 '자기 자신이나 사물을 지배하다' 또는 '다스리는 힘을 가지다'로, 분수에 맞게 자신을 조절하는 능력을 말한다.

• 모든 일에 자신을 통제할 뿐 아니라 성령을 거스르는 육체의 소욕을 억제하고 다스리는 지배력을 말한다.

(2) 절제의 대상

• 육신의 정욕

▶ 우리의 몸은 성령이 거하시는 전이므로 우리는 육신의 정욕을 다스리는 자가 되어야 한다(고전 6:19~20).

＊기업(企業)

구약에서 기업은 상속된 어떤 것이나 소유지 등을 나타내는 일반적인 용어이다.

히브리 사회의 재산상속 원칙에서 부동산은 동산과 달리 개인적인 것이라기보다는 가문에 속한 것이다.

＊정욕(情慾)

열정적인 욕망, 성적인 욕망, 세상적 쾌락 등을 의미한다.

1. 구약에서는 '무절제한 감각적 사랑을 하다'라는 뜻으로 종교적 간음과 성적 타락의 상황에서 이스라엘 사회나 다른 지역에 사용되었다.

2. 신약에서는 문자적 의미 그대로 정욕과 불결한 열정으로 세상에서 부패와 악을 초래하는 것을 의미한다(벧후 1:4, 2:10).

• 마음의 생각

▶ 사람의 마음에 어떤 생각이 채워지는가에 따라 어떤 사람인지 결정되므로 성도는 마음을 지켜야 한다(잠 4:23).

＊잠언 4:23
"모든 지킬 만한 것 중에 더욱 네 마음을 지키라 생명의 근원이 이에서 남이니라"

• 말

▶ 혀는 온몸을 통제하는 기관(약 3:5~6)으로, 성도는 입술로 선한 열매를 맺어야 한다(히 13:15).

• 영적 음행

▶ 하나님을 섬기면서 우상도 동시에 섬기는 것은 영적 음행이다. 성도는 영적 음행을 삼가야 한다(호 4:12; 미 1:7).

• 행위

▶ 부도덕하고 교만한 행동을 절제하여 하나님의 영광을 드러내는 자녀가 되어야 한다(고전 10:31).

＊고린도전서 10:31
"그런즉 너희가 먹든지 마시든지 무엇을 하든지 다 하나님의 영광을 위하여 하라"

3. 성령의 열매를 맺는 삶

1) 예수님에게 접목되는 삶

예수님이 포도나무와 가지의 비유(요 15:1~5)를

말씀하실 때, 농부가 되신 하나님과 포도나무가 되신 예수님 그리고 가지가 된 새로운 공동체(교회)의 관계에 대해 언급하신다.

비유의 핵심은 가지인 성도가 많은 열매를 맺기 위해서는 나무이신 예수님에게 접목이 되어야 한다는 것이다. 이 말씀은 우리가 그리스도 안에 거하고, 그리스도께서 우리 안에 거하실 때 성령의 풍성한 열매를 거두게 됨을 의미한다.

2) 말씀에 거하고 인도함 받는 삶

성령의 열매를 맺으려면 성령의 감동을 받아 기록된 성경 말씀으로 충만해야 한다. 우리가 말씀 안에 충만하게 거할 때 성령의 열매를 풍성하게 맺을 수 있다(요 15:7~8).

3) 성령충만한 삶

성령의 열매를 맺기 위해서는 술 취하고 방탕한 삶이 아니라 성령으로 충만한 삶을 살아야 한다(엡 5:18). 또한 많은 열매를 맺기 위해서 열매 맺지 않는 가지를 잘라내는 것처럼(요 15:2), 세상적인 정욕의 삶을 잘라내고 그리스도 안에서 끊임없이 성령으로 충만해야 한다.

＊방탕(放蕩)
극단적인 무절제와 탐욕이 가득한 방종을 가리키는데, 통상적으로 이방신 숭배와 관련되어 있다(롬 13:13; 갈 5:21; 벧전 4:3).

17과

인간의 기원과 본성

1. 인간의 기원

1) 성경이 말하는 인간

2) 하나님의 형상으로 창조된 인간

3) 하나님의 형상의 내용

4) 하나님의 형상의 의미

2. 인간의 본질

1) 인간 본질의 구성에 대한 견해

2) 인간 본질의 구성 요소

3) 인간의 기능

3. 첫 사람 아담과 에덴동산

1) 아담의 상태

2) 에덴동산

THE HOLY SPIRIT AND MAN

17과

인간의 기원과 본성

1. 인간의 기원

1) 성경이 말하는 인간

성경은 인간이 어떤 존재인가에 대해 설명하기 위해 하나님과의 관계 아래에서 인간에 대해 밝히고 있다. 성경이 말하는 인간은 하나님에 의해 창조된 피조물이며, 인간은 타락하여 창조주 하나님으로부터 멀어진 존재이다.

2) 하나님의 형상으로 창조된 인간

하나님은 천지창조의 여섯째 날, 땅의 모든 생물을 지으신 후 인간 창조에 대하여 특별한 의지를 보이셨다(창 1:26). 그러므로 인간은 우연한 진화 과정에 의해서 나타난 것이 아니다. 하나님의 특별한 의도에 의해 하나님의 '형상과 모양' 대로 창조되었다(창 1:27~28).

인간이 하나님의 형상으로 창조되었다는 것

*** 인간 기원에 대한 두 가지 견해**

1. 창조론 : 하나님이 모든 만물을 창조하셨고, 인간을 하나님의 형상대로 창조하셨다는 주장이다. 성경은 분명하게 인간은 하나님의 창조에 의해 비롯되었다고 말하고 있다.

2. 진화론 : 다윈이 제기한 것으로, 인간의 기원은 아메바에서부터 점점 진화되어 유인원이 되고 다시 사람이 되었다는 주장이다. 그러나 진화론의 주장은 신빙성이 없는 하나의 가설이다.

*** 창세기 1:26**

"하나님이 이르시되 우리의 형상을 따라 우리의 모양대로 우리가 사람을 만들고 그들로 바다의 물고기와 하늘의 새와 가축과 온 땅과 땅에 기는 모든 것을 다스리게 하자 하시고"

은 하나님이 인간에게 '존엄성'을 부여하셨다는 것을 의미한다. 따라서 인간은 다른 모든 피조물과 구별되는 특별한 존재이며 오직 인간만이 창조주 하나님과 인격적인 관계를 맺을 수 있다.

3) 하나님의 형상의 내용

하나님은 영이시기에 하나님의 형상이란 육적인 형상을 가리키는 것이 아니라, 영적인 형상을 가리킨다. 인간은 하나님의 형상으로 창조되었기 때문에 하나님의 속성을 지니고 있다.

(1) 영적인 속성

• 인간은 하나님에 의하여 흙으로 지어진 육신과 하나님의 생기를 받은 영혼을 지닌 존재이다.

▶ 땅의 요소와 하늘의 요소의 창조적 결합으로 인간은 창조주의 형상을 닮은 생령이 되었다.

• 피조물 중에서 하나님의 형상을 가진 인간만이 하나님과 대화할 수 있고, 하나님과 교제할 수 있다.

▶ 하나님은 인간을 사랑하시고 대화하시기 위해, 교제의 대상으로 인간을 창조하셨

다. 그래서 하나님은 모든 피조물 중에서 인간만 하나님의 형상대로 창조하신 것이다(요일 4:10).

(2) 도덕적인 속성

- 공의를 사랑하시는 하나님이 인간에게 도덕적 성품인 양심을 주셔서 옳고 그름을 분별할 수 있게 하셨다.

- 선과 악을 판단할 수 있는 능력을 가진 피조물은 오직 인간뿐이다.

(3) 지적인 속성

- 하나님의 지식과 지혜의 형상을 받은 인간은 그 능력을 사용하여 사물을 이해하고 추리할 수 있다.
  - ▶ 하나님이 주신 지식과 지혜를 통하여 인간은 문명을 발전시켜 왔다.

(4) 다스림의 속성

- 만물을 지으시고 다스리시는 하나님은(고전 15:27) 인간에게 만물을 다스릴 수 있는 능력을 허락하셨다(창 1:26).
  - ▶ '다스린다'는 뜻은 본래 왕의 지배권을 나타내는 말로, 이것은 독재적이고 무력적인 지배가 아니라 선하게 관리하고 보호하는

＊도덕적 속성의 증거
시간과 공간과 문화와 민족을 뛰어넘어 모든 인간은 보편적인 가치, 즉 사랑, 평화, 자유, 평등 등을 추구한다. 이것은 모든 인간의 본성에 하나님의 형상, 곧 도덕적 속성이 있음을 증거하는 것이다.

＊지적 속성의 증거
하나님의 지식과 지혜를 닮은 인간의 생각으로부터 수많은 발명품이 나왔고, 많은 책과 시가 쓰였으며, 음악이 지어졌다. 이것은 인간이 하나님의 지식과 지혜의 형상으로 지음 받았음을 보여주는 것이다(롬 11:33; 욥 37:16).

책임 있는 다스림을 말한다.

- 인간은 다른 모든 피조물과 사랑의 관계 속에서 함께 공존할 수 있도록 환경을 보존하고 관리하는 역할을 부여받은 존재이다.

4) 하나님의 형상의 의미

인격을 지니신 하나님이 당신의 형상대로 인간을 지으셨으므로 인간은 하나님과 같이 지(知) · 정(情) · 의(意)를 가진 존재가 되었다. 하나님은 인간과 인격적인 교제를 나누셨고, 남자와 여자가 만나 가정을 이루어 서로 인격적인 교제를 하도록 하셨다.

(1) 하나님과의 관계에서의 인간

- 하나님의 형상으로 지음 받은 인간이 하나님으로부터 받은 가장 중요한 사명은 하나님을 찬양하고 그분에게 영광을 돌리는 것이다(사 43:7).

- 하나님의 교제 대상으로 창조된 인간은 하나님을 사랑하고 섬기며, 하나님과 교제하는 자가 되어야 한다.
  ▶ 인간은 하나님에게 지음 받은 존재로 하나님의 사랑에 응답하는 삶을 살아야 한다.

＊인간 창조의 목적
1. 영광을 받으시기 위함 (사 43:7)
2. 영광을 나타내시기 위함 (마 5:16; 엡 2:10)
3. 교제하시기 위함 (요일 1:3)

＊이사야 43:7
"내 이름으로 불려지는 모든 자 곧 내가 내 영광을 위하여 창조한 자를 오게 하라 그를 내가 지었고 그를 내가 만들었느니라"

▶ 하나님이 창조주이심을 받아들이고, 하나님의 말씀에 순종하는 삶을 말한다.

(2) 이웃과의 관계에서의 인간

- 하나님의 형상으로 지음 받은 인간이 이웃과 사랑의 관계 속에서 살아가야 하는 이유는 하나님이 사랑이시기 때문이다(요일 4:7~8).
  - ▶ 예수 그리스도의 사랑을 깨닫고 그의 자녀가 된 성도가 성령의 능력으로 선한 행실을 하여 사랑의 관계를 유지해 나갈 때 하나님의 영광이 온 세상에 나타난다.
  - ▶ 가정을 이룬 인간은 서로 사랑의 관계를 맺는 자가 되어야 한다.

- 성경은 이웃 사랑(레 19:18)은 물론, 나그네(레 19:34)와 심지어 원수까지도 돌보아 줄 것을 가르치고 있다(출 23:4~5; 잠 25:21~22).

(3) 세상과의 관계에서의 인간

- 하나님의 특별한 목적에 의해 창조된 인간은 피조물 중에 으뜸이 되는 존재이기 때문에 만물을 지배하고 다스리는 자가 된다.

- 인간의 범죄로 인해 파괴된 세계를 하나님의 사랑으로 회복시키고 관리하는 자가 된다.

2. 인간의 본질

1) 인간 본질의 구성에 대한 견해

성경에서 보여주는 인간의 본질적 구성에 대한 두 가지 견해(이분설과 삼분설)가 있다. 하나님의 창조 과정을 볼 때 이분설보다는 삼분설이 적합하다. 하나님이 흙으로 몸(육)을 빚으시고, 그의 생기(영)를 불어 넣으시니 인간은 살아있는 '생령'이 되었다(창 2:7).

	이분설 (dichotomy)	삼분설 (trichotomy)
구성요소	영혼, 육체	영, 혼, 육체
성경구절	마 10:28	창 2:7; 살전 5:23; 히 4:12

*** 인간의 본질의 구성에 대한 견해**

1. 이분설 : 인간은 육체(물질적 요소)와 영혼(비물질적 요소)으로 구성된다고 주장하는 학설

2. 삼분설 : 인간은 영(이성적 도덕적 삶의 원리), 혼(자연적 동물적 삶의 원리), 육(물질적 요소)으로 구성된다고 주장하는 학설

*** 생기(生氣)**

육체에 생명을 불어넣는 '하나님의 숨'을 말한다(창 2:7~8). 하나님이 직접 흙으로 사람의 모양을 빚으시고, 코에 생기를 불어 넣으심으로 살아 움직이게 하셨다.

*** 생령(네페쉬 하야 נֶפֶשׁ חַיָּה)**

인간만이 가지는 영혼을 말한다. 생기가 들어간 순간 영혼이 생겨났고 흙으로 빚은 모양은 육체로 변화되어 기운을 얻게 되었다.

2) 인간 본질의 구성 요소

(1) 영(spirit)

- 인간의 영은 하나님을 모시는 그릇이다. 영을 통하여 인간은 하나님과 교제하며 찬양하고, 예배하고, 기도하며 그분의 뜻을 알게 된다(고전 2:11).

- 인간의 영은 타락으로 말미암아 죽었으나 예수님이 우리의 영을 십자가 죽음을 통해 살리셨다.

(2) 혼(soul)

- 인간의 혼에는 인간의 인격이 자리 잡고 있다. 인격이란 인간의 지(知) · 정(情) · 의(意), 즉 인간의 자의식을 말한다.

- 성경이 사람을 지칭할 때, 혼(soul)이라고도 하고 인간(man)이라고도 하는 것은 혼이 사람의 인격 자체이기 때문이다.

(3) 육(body)

- 인간의 육은 세상을 살아가는 실제적인 형태이다.
  - ▶ 인간의 육은 외부 세계를 인식하는 다섯 감각기관과 내부의 건강 상태를 지각하는

＊사람의 영과 하나님의 영
사도 바울은 인간에게 '사람의 영'과 '하나님의 영'이 있다고 하였고, 하나님의 일은 하나님의 영 외에는 아무도 알지 못한다고 하였다(고전 2:11).

＊고린도전서 2:11
"사람의 일을 사람의 속에 있는 영 외에 누가 알리요 이와 같이 하나님의 일도 하나님의 영 외에는 아무도 알지 못하느니라"

기관을 가지고 있다.

- 육은 영과 혼의 통제를 받지만 이를 거부하고 자기 마음대로 행하여 감각적이고 정욕적이고 충동적이 될 수 있다.

- 인간의 타락 후 육은 죽고 파멸할 수밖에 없는 몸이 되었다(창 3:19).

(4) 인간을 구성하는 요소의 역할

- "사랑하는 자여 네 영혼이 잘됨 같이 네가 범사에 잘되고 강건하기를 내가 간구하노라"(요삼 1:2)는 구절 속에 영 · 혼 · 육의 역할이 내포되어 있다.

- 본래 인간은 하나님의 뜻을 따라 영이 혼을 지배하고, 혼은 육을 지배하며, 육은 영과 혼의 지시대로 순종한다.
  ▶ 인간은 타락으로 말미암아 영 · 혼 · 육의 질서가 깨어졌고, 육이 혼을 지배하게 되었다.
  ▶ 예수 그리스도의 십자가를 통하여 타락 전의 명령체계로 돌아감으로 이제 하나님의 창조 질서가 회복된다. 이때 예수 그리스도에 의한 인간의 전인구원이 이루어진다.

＊전인구원(요삼 1:2)

1. 영혼의 구원 : 인간이 아담과 하와로부터 물려받은 원죄와 그 죄성으로 인해 자신이 저지른 범죄를 예수님의 보혈로 용서받아 의인이 되는 것 – "네 영혼이 잘됨같이"
2. 환경의 구원 : 인간의 원죄로 저주받은 환경이 타락 이전의 낙원 상태로 회복되는 것 – "범사가 잘 되며"
3. 육체의 구원 : 저주로 인간의 육체에 내린 질병이 치료되고 건강이 회복되는 것 – "강건하기를"

3) 인간의 기능

(1) 그릇의 기능

- 성경에서는 사람을 그릇에 비유한다. 그 이유는 도구로 쓰여지는 그릇의 용도나 쓰임이 인간의 삶과 유사하기 때문이다.
  - ▶ 그릇은 안에 무엇이 담겨져 있느냐에 따라 가치가 결정된다.
  - ▶ 사람도 안에 성령님을 모시느냐 또는 악령을 담아 두느냐에 따라 사람됨의 가치가 결정된다.

- 토기장이가 그릇을 빚을 때부터 용도를 생각하고 만들 듯이, 하나님이 인간을 세상에 태어나게 하실 때 각 사람마다 쓰실 목적을 생각하면서 만드셨다(렘 18:6; 롬 9:21).

- 그릇에는 금 그릇, 은 그릇, 나무 그릇 그리고 질그릇과 같이 여러 종류의 그릇이 있지만, 하나님에게 귀히 쓰임 받는 그릇이 되기 위해서 깨끗한 그릇이 되어야 한다(딤후 2:20~21).
  - ▶ 질그릇에 불과한 우리 안에 성령 하나님을 모시면 보배와 같이 귀한 존재가 된다.

＊질그릇인 인간

성경은 인간이 보배를 가진 질그릇에 불과하므로 큰 능력이 하나님에게 있고 사람에게 있지 않음을 말씀하고 있다(고후 4:7).

＊디모데후서 2:20~21

"큰 집에는 금 그릇과 은 그릇뿐 아니라 나무 그릇과 질그릇도 있어 귀하게 쓰는 것도 있고 천하게 쓰는 것도 있나니 그러므로 누구든지 이런 것에서 자기를 깨끗하게 하면 귀히 쓰는 그릇이 되어 거룩하고 주인의 쓰심에 합당하며 모든 선한 일에 준비함이 되리라"

(2) 성전의 기능

- 하나님이 인간을 지으신 목적 가운데 하나는 영이신 하나님이 거하실 거처로 삼기 위함이었다.
  - ▶ 사도 바울은 우리가 하나님의 성전이고 우리 속에 성령이 거하신다고 했다(고전 3:16).

- 인간이 선악과를 따 먹고 죄를 짓자, 인간의 몸은 하나님이 거하실 수 없는 곳이 되었다.

- 인간이 하나님의 성전의 기능을 다하기 위하여 부정한 마음을 청결하게 해야 한다.
  - ▶ 인간은 회개를 하여야 쓰임 받는 성전이 될 수 있다.
  - ▶ 하나님의 영을 모셔 들이고 하나님의 뜻에 순종하여 하나님을 예배하는 삶을 살아야 한다.

＊성전인 인간
성경은 인간이 하나님이 내주하시는 성전과 같은 존귀한 자임을 말씀하고 있다(고전 3:16~17).

3. 첫 사람 아담과 에덴동산

하나님이 원하시는 인간의 모습은 타락하기 이전 아담의 모습을 통하여 알 수 있다.

아담의 영은 하나님을 모시고 있었으므로 하나님과 교통하며 하나님의 말씀을 듣고 풍성한 은혜를 누리고 있었다. 그의 혼은 하나님의 뜻에 순종하는 영의 지배를 받아 하나님의 지식으로 가득 찼고(知), 성령 충만의 감정으로 넘쳤으며(情), 모든 삶의 결단은 하나님의 뜻을 좇아 내렸기 때문에 실수가 없었다(意). 그의 육은 하나님을 아는 지식으로 가득 찬 혼의 지배를 받음으로 과도한 정욕에 이끌리는 일 없이 항상 절제할 수 있었다.

타락 전 아담의 모습을 통해, 인간은 하나님과 영적으로 교통하며 교제를 나누고 하나님을 예배하고 섬기며 하나님의 뜻을 좇아 살도록 지음 받은 존재였음을 알 수 있다.

1) 아담의 상태

타락하기 전 아담은 영 · 혼 · 육의 창조적인 질서가 제 기능을 발휘하며, 하나님을 좇는 삶을 살고 있었다. 그의 상태는 우리에게 영 · 혼 · 육의 질서를 통하여 새로운 피조물이 누릴 수 있는 권세와 축복이 무엇인가를 알려 준다.

*** 타락**

에덴동산에서 아담과 하와의 불순종으로 인한 결과를 말한다(창 3:1~24). 하나님은 에덴동산의 모든 나무 실과는 임의대로 먹을 수 있으나 선악을 알게 하는 나무의 실과는 먹지 말라고 명령하셨다(창 2:16~17). 하지만 두 사람은 하나님의 명령에 불순종하였고(창 3:6), 그 결과 본인은 물론 피조세계 전체가 죄의 영향력 아래에 있게 되었다.

*** 아담의 두 가지 구분**

1. 하나님의 형상을 지닌 아담 : 하나님의 창조 질서 속에서의 인간이 가지는 위치와 사명, 축복과 책임 등을 보여준다.

2. 범죄한 이후의 아담 : 성경 전체를 통해 하나님이 인간을 어떻게 다루실 것인가를 보여주는 성경적 출발로서의 인간의 모습이다.

하지만 깨어진 하나님의 형상을 지닌 아담에게 하나님은 찾아오는 분으로 나타나셨다. 하나님은 그의 잘못에 대해 책임을 묻기도 하셨지만(창

(1) 무죄한 자

• 처음 창조된 아담은 죄와 상관이 없었다. 성경은 타락 전의 아담이 죄가 없었다는 것을 몇 가지로 증거하고 있다.

• 하나님이 인간을 창조하실 때, 하나님의 거룩한 형상대로 창조하셨다(창 1:26~28).

▶ 거울을 보면 우리의 형상이 거울 속에 있듯이, 거룩한 하나님의 형상은 아담 속에 있었다. 타락 전의 아담은 무죄한 자였다.

• 천지창조의 마지막 날인 여섯째 날에 하나님은 아담을 포함하여 피조물을 창조하시고 기뻐하셨다(창 1:31).

▶ 하나님은 죄를 미워하시므로 죄를 창조하시는 분이 아니다.

• 하나님은 아담에게 완전한 환경인 에덴동산을 주셨다(창 2:8).

▶ 세상은 죄로 인한 가난도, 저주도, 질병도 그리고 죽음도 없었다.

▶ 한 가지 선하지 않은 것이 있었는데 바로 '사탄' 이었다(창 3:1; 계 12:9). 사실 그도 선한 자였으나 교만함으로 악한 존재가 되었다.

3:11) 여자의 후손을 통해서 궁극적으로 성취될 하나님의 구원을 보여 주셨다(창 3:15).

따라서 깨어진 하나님의 형상은 하나님을 향한 인간의 마지막 종착지가 아니라 새로운 하나님의 형상으로 회복시키기 위해 친히 찾아오시는 하나님과의 만남의 자리가 되었다.

＊창세기 1:28

"하나님이 그들에게 복을 주시며 하나님이 그들에게 이르시되 생육하고 번성하여 땅에 충만하라, 땅을 정복하라, 바다의 물고기와 하늘의 새와 땅에 움직이는 모든 생물을 다스리라 하시니라"

＊창세기 1:31

"하나님이 지으신 모든 것을 보시니 보시기에 심히 좋았더라 저녁이 되고 아침이 되니 이는 여섯째 날이니라"

(2) 다스리는 자

- 하나님은 다스림의 능력을 나타내실(단 4:26) 뿐만 아니라, 절대적 사랑을 피조물에 쏟아 부으시는 "졸지도 주무시지도 아니하시는" 다스림을 보여주신다(시 121:4).
  - ▶ 하나님의 다스림은 현재 인간 사회에서 보여지는 세상적인 다스림과 다르다.

- 하나님은 다스리는 권한을 아담에게 주어 모든 피조물을 다스리도록 하셨다(창 1:26~28).
  - ▶ 하나님이 아담에게 피조물을 다스리는 권한을 주신 것은 다스리는 행위를 통하여 하나님의 사랑을 경험하도록 하기 위함이었다.
  - ▶ 하나님으로부터 다스리는 권한을 위임받은 아담은 하나님과 같이 하나님의 영광을 드러내고, 다른 피조물을 사랑하고 보살피는 자였다.

(3) 조화로운 삶을 사는 자

- 타락하기 전의 아담은 하나님 앞에서 조화로운 삶을 영위하였다.
  - ▶ 아담의 영 · 혼 · 육은 조화를 이루어 하나님에게 영광을 돌렸다.
  - ▶ 정욕의 지배를 받지 않는 육은 피와 땀을 흘리지 않고도 풍성한 삶을 누릴 수 있었다.

＊아담의 죄가 어떻게 우리의 죄가 되었나?

성경은 아담이 최초로 세상에 죄를 들어오게 했고, 그로 인해 모든 사람이 죄인이 되었다고 말한다(롬 5:12). 한 사람의 죄가 어떻게 모든 사람에게까지 영향을 끼친 것일까?

아담이란 이름은 '사람'이란 뜻으로 그는 온 인류의 대표자였다. 따라서 아담이 죄를 지었을 때 모든 사람은 아담과 함께 죄를 짓는 데 동참한 것이고, 그 결과 모든 사람은 죄의 속성을 가지고 태어나게 된 것이다. 즉, 아담이 인간 생명의 강물을 오염시켰기 때문에 누구든지 그 강물을 마신 자는 동일한 병(죄)에 오염되어 버린 것이다.

이 병은 죽음, 하나님과의 단절이라는 엄청난 결과를 초래했는데 이것을 아무도 해결할 수 없었다. 이로부터 자유할 수 있는 사람은 오직 예수 그리스도 한 분만을 제외하고는 아무도 없었다(벧전 2:21~23).

▶ 아담과 하와는 온전한 연합을 이루는 조화로운 관계에 있었다.

타락하기 전 아담의 상태	
무죄(無罪)	• 죽음이 없는 상태에 있었다. • 육체적인 질병과 고통이 없었다. • 하나님 앞에 벗은 몸으로 있었지만 수치심을 몰랐다.
지배권	• 모든 만물을 지배하고 다스릴 수 있었다. • 다른 피조물을 가꾸고 발전시키는 창조적인 능력이 있었다.
조화를 이룬 생활	• 영혼육의 조화로 하나님에게 영광을 돌렸다. • 육은 정욕의 지배를 받지 않아 땀을 흘리지 않아도 하나님이 마련하신 식물을 취할 수 있었다. • 하나님이 선물로 주신 하와와 함께 하나가 되었다.

(4) 첫 사람 아담이 주는 교훈

• 첫째, 아담은 사탄의 시험에 빠져 타락한 죄인이 되었고(창 3:1~7), 하나님과 분리되어 흙으로 돌아가게 되었다(창 3:19).

• 둘째, 아담으로 오신 그리스도 안에 있으면 타락 전 아담의 모양으로 회복될 수 있다(고전 15:22).

▶ 예수 그리스도의 십자가 공로로 말미암아 만물을 의와 평강으로 다스리고 영혼육의 조화로운 삶을 살게 된다.

＊고린도전서 15:22
"아담 안에서 모든 사람이 죽은 것 같이 그리스도 안에서 모든 사람이 삶을 얻으리라"

2) 에덴동산

(1) 부요한 에덴동산

- 자신의 형상을 따라 인간을 지으신 하나님은 에덴동산에 머무르게 하셨다.

- 에덴동산은 부족함이 없는 곳으로 하나님은 아담이 완전한 축복과 부요를 누릴 수 있게 하셨다(창 2:7~17).
  - ▶ 구약의 에덴동산은 하나님이 인간에게 마련해 주신 지상 최고의 낙원이었고, 신약에서는 장차 임할 천국의 상징이었다.

(2) 예수 그리스도와 회복돼야 할 에덴동산

- 축복과 부요의 에덴동산은 첫 사람 아담의 범죄로 인해 상실되었다.
  - ▶ 타락 이전의 아담은 회복되어야 할 인간의 모습을 보여준다.

- 오직 예수 그리스도의 십자가 대속의 은혜를 통해서만 에덴동산의 회복이 가능하다.
  - ▶ 예수님을 구주로 영접함으로 하나님의 자녀가 되어 에덴동산의 축복과 부요를 누릴 수 있다.
  - ▶ 예수 그리스도의 십자가 은혜는 인간으로 하여금 흠이 없게 하며(사 1:18), 만물을 다스

＊하나님의 형상이신 예수 그리스도

하나님의 완전한 자기계시인 예수 그리스도 안에는 인간의 존재 목적과 사명이 완전히 나타났고, 성취되었다(고후 4:4; 골 1:15; 히 1:3).

1. 예수 그리스도를 통해서 하나님과의 사랑의 교제를 위해 창조된 인간의 참된 모습을 알 수 있다.

2. 죄가 없으신 예수를 통해 하나님의 참된 형상을 알 수 있다.

＊이사야 1:18

"야훼께서 말씀하시되 오라 우리가 서로 변론하자 너희의 죄가 주홍 같을지라도 눈과 같이 희어질 것이요 진홍 같이 붉을지라도 양털 같이 희게 되리라"

리는 존재가 되게 하며(시 8:6), 균형 있는 삶을 살게 한다.

- 우리가 죄를 회개하고, 예수 그리스도를 구주로 믿고 영접하면 우리의 영혼과 환경, 육체의 저주가 사라지고, 에덴동산의 부요를 누릴 수 있게 된다.
  - ▶ 에덴동산은 천국의 예표로서 하나님의 자녀는 예수님이 계시는 천국의 삶을 누릴 수 있다.

- 예수 그리스도로 말미암아 회복되어야 할 에덴동산은 영혼이 잘됨같이 범사가 잘되며 강건하고, 생명을 얻되 풍성히 얻는 삶이다.

＊시편 8:6
"주의 손으로 만드신 것을 다스리게 하시고 만물을 그의 발 아래 두셨으니"

18과

인간의 범죄

1. 죄의 기원
   1) 천상에서 죄의 기원
   2) 지상에서 죄의 기원

2. 죄의 본질
   1) 죄의 성서적 의미

3. 죄의 분류
   1) 원죄와 자범죄
   2) 무지의 죄와 지식의 죄
   3) 미완성의 죄와 최종적인 죄

4. 죄의 결과
   1) 피조물의 심판
   2) 인간의 죽음

THE HOLY SPIRIT AND MAN

18과 인간의 범죄

1. 죄의 기원

최초의 죄는 우리가 사는 지상에서가 아니라 하늘의 영적 세계에서 먼저 저질러졌고 그 후 세상이 죄로 오염되었다. 죄의 실체와 성격을 설명하기 위하여 천상에서의 죄의 시작을 먼저 살펴야 지상에서의 죄의 시작을 이해할 수 있다.

1) 천상에서 죄의 기원

"너 아침의 아들 계명성이여 어찌 그리 하늘에서 떨어졌으며 너 열국을 엎은 자여 어찌 그리 땅에 찍혔는고 네가 네 마음에 이르기를 내가 하늘에 올라 하나님의 뭇 별 위에 내 자리를 높이리라 내가 북극 집회의 산 위에 앉으리라 가장 높은 구름에 올라 지극히 높은 이와 같아지리라 하는도다"(사 14:12~14)

이 구절에서 "아침의 아들 계명성"은 흠정역(KJV)에서는 루시퍼(Lucifer)라고 지칭하고 있는

＊죄의 구성

1. 죄책 : 하나님의 법을 어겼다는 법적 책임을 가리킨다. 좀 더 분석하면 ① 도적적으로 비난 받아야 마땅하다는 사실과 ② 하나님의 공의에 따라 형벌을 받아야 한다는 사실을 포함한다.

2. 부패성 : 죄인이 가지고 있는 성질(죄성, 罪性), 죄를 향한 경향 혹은 연약함을 가리킨다. 우리가 흔히 '나는 죄인이다'라고 느끼는 것은 이 부패성 때문이다. 예레미야 17장 9절은 "만물보다 거짓되고 심히 부패한 것은 마음이다"라고 말씀하고 있다.

데, 이 계명성은 사탄을 지칭한다.

최초의 죄는 하나님의 피조물인 천사의 하나님에 대한 반역, 즉 하나님으로부터 완전히 독립하려는 행위에서 시작되었다. 계명성(루시퍼)은 아래와 같이 하나님의 뜻에 대항하여 자신의 지위를 하늘보다 높이려고 했다.

(1) "내가 하늘에 올라"

- 이 하늘은 하나님이 거하시는 곳으로 사탄은 그 영역마저 침범하려 한다.
  - ▶ 하늘에 올라간 루시퍼는 하나님이 자신에게 주신 한계를 넘어선 것이다.
  - ▶ 하나님이 주신 권한을 넘어서는 교만은 하나님의 형벌을 벗어날 수 없다.

- 이 하늘은 사도 바울이 체험했던 셋째 하늘(고후 12:1~4)과 같다고 오순절 교단의 몇몇 학자는 주장한다.

(2) "하나님의 뭇 별 위에 내 자리를 높이리라"

- 하나님의 뭇 별은 천사의 무리를 지칭한다.
  - ▶ 요한계시록 12장에서 루시퍼의 상징인 붉은 용과 그의 타락한 천사의 상징인 "하늘의 별 삼분의 일"은 예수님을 상징하는 아이의 탄생을 방해(계 12:3~4)한다.

***흠정역(欽定譯, King James Version)**

영국 국왕 제임스 1세의 영국 성공회 예배에 사용할 수 있는 표준 성경을 번역하라는 명령에 따라 영국 성공회가 1604년에 번역을 시작하여 1611년에 끝마친 기독교 성경의 영어 번역본이다.

***셋째 하늘의 의미**

오순절 조직신학자 밴 클리브와 더필드는 『오순절조직신학』에서 하늘을 첫째는 대기권(大氣圈), 둘째는 성천(星天), 셋째는 하나님이 거주하는 곳으로 분리했는데, 이 셋째 하늘을 바울이 체험하여 올라갔던 셋째 하늘과 동일시한다.

***루시퍼(Lucifer)**

루시퍼의 뜻은 '빛을 지닌 자'이며 '자기를 지존자'로까지 높이던 바벨론의 왕이며(사 14:12), 사탄의 대명사로 쓰이기도 한다.

- 루시퍼는 별(천사들) 위에 그의 통치권을 세우려는 욕망이 있음을 말하고 있다.

(3) "내가 북극 집회의 산 위에 앉으리라"

- 북극 집회는 지상나라(산)도 통치하고자 하는 그의 욕망을 보여준다.

- 성경에서 '산'은 나라를 상징한다(사 2:2; 단 2:35).

(4) "가장 높은 구름에 올라가"

- 성경에서 '구름'은 하나님의 영광을 상징한다.

- 루시퍼는 하나님의 영광을 소유하고 싶은 것이다.

(5) "지극히 높은 이와 같아지리라"

- 앞서 언급한 네 개의 욕망보다도 가장 절정에 오른 욕망이다.

- 하나님으로부터 독립하려고 하고, 하나님에게 정면으로 대항하는 고의적인 야망이다.

- 루시퍼(사탄)가 그와 함께한 천사(타락한 천사들)에게 죄를 침투시킨 것은 스스로의 결정

에 의하여 자신의 의지에 따라 하나님에게 대항한 것이다.

2) 지상에서 죄의 기원

"뱀이 여자에게 이르되 너희가 결코 죽지 아니하리라 너희가 그것을 먹는 날에는 너희 눈이 밝아져 하나님과 같이 되어 선악을 알 줄 하나님이 아심이니라 여자가 그 나무를 본즉 먹음직도 하고 보암직도 하고 지혜롭게 할 만큼 탐스럽기도 한 나무인지라 여자가 그 열매를 따 먹고 자기와 함께 있는 남편에게도 주매 그도 먹은지라"(창 3:4~6)

이 말씀은 어떻게 죄가 인류의 조상인 아담에게 침투되어 왔는지를 보여준다. 세상에 죄악이 존재하게 된 이유는 사탄이 인류의 조상인 아담과 하와에게 범죄하도록 유도하였고, 그들이 사탄의 유혹에 넘어갔기 때문이다.

사탄이 아담과 하와를 유혹한 과정은 지상에 사는 인간에게 죄가 들어오는 과정도 보여준다.

(1) 사탄이 하나님의 말씀을 의심케 했다

"그런데 뱀은 야훼 하나님이 지으신 들짐승 중에 가장 간교하니라 뱀이 여자에게 물어 이르

되 하나님이 참으로 너희에게 동산 모든 나무의 열매를 먹지 말라 하시더냐"(창 3:1)

- 사탄이 아담에게 가지 않고 하와에게 먼저 간 이유는 하나님이 아담에게 "선악과를 따 먹지 말라"고 직접 명령하신 사실 때문인 것 같다.
  - ▶ 하와는 아담을 통하여 간접적으로 하나님의 명령을 들었다.
  - ▶ 사탄은 영악하여 하와가 혼자 있는 기회를 이용했다.

- 오늘날도 사탄의 전략은 하나님의 말씀을 의심하게 만들어 성도를 넘어지게 하는 것이다.

(2) 하와는 하나님의 말씀을 근거로 유혹받았다

"여자가 뱀에게 말하되 동산 나무의 열매를 우리가 먹을 수 있으나 동산 중앙에 있는 나무의 열매는 하나님의 말씀에 너희는 먹지도 말고 만지지도 말라 너희가 죽을까 하노라 하셨느니라"(창 3:2~3)

- 하와는 두 가지 위험한 잘못을 저질렀다.
  - ▶ 하와는 하나님의 말씀에 "만지지도 말라"는 자신의 말을 첨가시켰다(창 2:16~17).
  - ▶ 그녀는 "반드시 죽으리라"(창 2:11)는 하나님

의 말씀을 "죽을까 하노라"고 변조(變造)하였다.

- 하나님은 이미 기록하여 우리에게 주신 하나님의 말씀을 더하거나 빼지 말라고 하셨다(계 22:19).
  ▶ 하나님 말씀의 가감(加減)에 따른 형벌도 예고하셨다(계 22:18~19).

(3) 사탄은 하나님의 말씀을 부인했다

"너희가 그것을 먹는 날에는 너희 눈이 밝아져 하나님과 같이 되어 선악을 알 줄 하나님이 아심이니라"(창 3:5)

- 하나님과 같이 된다는 말은 자기중심적인 하와의 야망을 크게 자극하였다.
  ▶ 선악을 알게 하는 나무의 열매는 하와에게 상당한 호기심을 야기했다.

- 하와는 "하나님과 같이 되는" 새로운 죄악(罪惡) 영역에 흥미를 느끼면서, 그 가능성에 더 다가가기 시작했다.

(4) 하와가 유혹에 빠졌다

"여자가 그 나무를 본즉 먹음직도 하고 보암직도 하고 지혜롭게 할 만큼 탐스럽기도 한 나

＊변조(變造)
1. (법률) 권한 없이 문서 따위의 형상이나 내용에 변경을 가하는 일
2. 이미 있던 사물을 다른 모양이나 물건으로 바꾸어 만듦

＊요한계시록 22:18~19
"내가 이 두루마리의 예언의 말씀을 듣는 모든 사람에게 증언하노니 만일 누구든지 이것들 외에 더하면 하나님이 이 두루마리에 기록된 재앙들을 그에게 더하실 것이요 만일 누구든지 이 두루마리의 예언의 말씀에서 제하여 버리면 하나님이 이 두루마리에 기록된 생명나무와 및 거룩한 성에 참여함을 제하여 버리시리라"

무인지라 여자가 그 열매를 따 먹고 자기와 함께 있는 남편에게도 주매 그도 먹은지라"(창 3:6)

- 사탄의 유혹에 빠진 하와가 선악과를 바라보았을 때, 그녀는 따 먹지 않고 견딜 수 없는 탐욕에 빠지고 말았다.

- 인간이 세상에서 빠지기 쉬운 세 가지 유혹은 '육신의 정욕', '안목의 정욕', '이생의 자랑'이다(요일 2:16).

- 하와는 세 가지 유혹에 모두 빠졌다. 인간의 모든 죄는 이로부터 기인된다고 해도 과언이 아니다.
  - ▶ 육신의 정욕 : "여자가 그 나무를 본즉 먹음직도 하고"
  - ▶ 안목의 정욕 : "보암직도 하고"
  - ▶ 이생의 자랑 : "지혜롭게 할 만큼 탐스럽기도"

- 인간이 범하고 있는 모든 죄악의 씨앗은 최초의 범죄 속에 들어 있음에 주목해야 한다.

＊정욕(情慾)

열정적인 욕망, 성적인 욕망, 세상적인 쾌락에 대한 욕망이다.

1. 구약에서는 '무절제한 감각적인 사랑을 하다'라는 뜻의 '아가브'(עָגַב, 겔 33:31)가 종교적 간음과 성적 타락의 상태인 이스라엘에 적용되었다.

2. 신약에서는 문자 그대로 부패와 악을 초래하는 불결한 열정을 말한다(마 5:28; 롬 1:24; 살전 4:5).

2. 죄의 본질

하나님이 인간에게 해야 할 일과 해서는 안 될 일을 구분하여 십계명을 주셨고, 좀 더 세부적인 규칙으로 율법을 주셨다.

십계명이나 율법을 하나님의 말씀으로 믿지 않고, 말씀이 육신이 되어 오신 예수님을 믿지 않는 불신앙은 죄이다. 십계명이나 율법에서 '하라는 것'을 하지 않거나, '하지 말라'는 것을 행하는 불순종도 죄이다.

하나님 나라의 도덕적이고 윤리적인 교훈에 대항하거나 반항하는 범죄, 그리고 그 법을 어기거나 지키지 않는 불법 등이 죄의 본질이다 (사 6:5; 욥 42:5~6).

1) 죄의 성서적 의미

(1) 표적 또는 목표의 이탈

"모든 사람이 죄를 범하였으매 하나님의 영광에 이르지 못하더니"(롬 3:23)

• 죄를 가리키는 히브리어 '하따뜨'와 헬라어 '하마르티아'의 공통적인 의미는 '과녁에서 빗나가다, 표적을 맞추지 못하다'이다.

＊죄의 특성

1. 죄는 특별한 악, 모든 악 중의 악이다.
2. 죄는 하나님의 법에 대한 불순종이다.
3. 죄는 죄에 대한 책임과 죄로 인한 심령의 부패(오염)를 포함한다.
4. 죄는 인간의 마음속에 자리한다(렘 17:9).

＊이탈(離脫)

1. 벗어나 따로 떨어져 나가다.
2. 어떤 범위나 대열 따위에서 벗어나다.

• 이런 의미로 죄는 하나님의 형상으로 지음 받은 인간이 하나님의 형상이라는 목표에서 빗나간 삶을 의미한다.

(2) 하나님의 말씀에 불순종

"아담에게 이르시되 네가 네 아내의 말을 듣고 내가 네게 먹지 말라 한 나무의 열매를 먹었은즉 땅은 너로 말미암아 저주를 받고 너는 네 평생에 수고하여야 그 소산을 먹으리라"(창 3:17)

＊소산(所產)
어떤 사건이나 물질적, 정신적 활동의 결과로 생겨나는 생산물

• 아담과 하와는 하나님의 말씀을 청종하지 아니하고 거역하였다(창 3:17).

• 하나님은 말씀에 순종하면 복을 주시고 불순종하면 징계와 재앙을 내리신다(신 28:1~46).

(3) 본래 위치를 이탈

"형제들아 사람이 만일 무슨 범죄한 일이 드러나거든 신령한 너희는 온유한 심령으로 그러한 자를 바로잡고 너 자신을 살펴보아 너도 시험을 받을까 두려워하라"(갈 6:1)

• 사람은 각자가 온전히 지켜야 할 자리가 있다.

• 정해진 본래의 자리를 이탈하는 것은 사탄이

자신의 자리를 이탈하여 하나님과 같아지려 한 것과 같다(사 14:13~14).

(4) 불법 또는 무법

"죄를 짓는 자마다 불법을 행하나니 죄는 불법이라"(요일 3:4)

• 여기서 불법은 무법(ἀνομία, lawlessness, NIV)으로 번역되기도 하는데 법과 상관이 없이 자기 마음대로 행동하는 것이다.
  ▶ 불법은 기존에 있는 법에 위반하는 것이고, 무법은 질서를 유지하는 법이나 제도가 없는 것이다.

• 불법은 구약적 의미에서 율법을 어기거나 지키지 않는 것이고, 신약에서 '하나님의 뜻대로 행하지 않는 것'이다(마 7:21~23).

(5) 불의

"모든 불의가 죄로되 사망에 이르지 아니하는 죄도 있도다"(요일 5:17)

• 불의는 의롭지 못한 생각과 행동, 선한 일을 알고도 행하지 않는 것, 모든 악한 생각과 탐욕이다.

• 불의는 사람이 자기 마음속에 하나님을 두기 싫어하여 하나님 없이 사는 것이다(롬 1:28~29).

(6) 불신앙

"그러므로 내가 너희에게 말하기를 너희가 너희 죄 가운데서 죽으리라 하였노라 너희가 만일 내가 그인 줄 믿지 아니하면 너희 죄 가운데서 죽으리라"(요 8:24)

• 예수님은 인간을 죄에서 구원하시기 위해서 세상에 오셨고, 십자가에 못 박혀 죽으셨다.

• 인간을 구원하시기 위하여 자신의 생명을 주신 주님을 믿지 않는 것은 죄이다.

3. 죄의 분류

성경에 나오는 죄를 구분하면 인간의 조상인 아담과 하와에서 시작된 원죄가 있고, 원죄의 죄성으로 인하여 비롯된 자범죄가 있다.

자범죄에는 무지의 죄가 있고 지식의 죄가 있으며, 그 중에는 죄 용서함이 가능한 미완성의 죄와 용서가 불가능한 최종적인 죄가 있다.

*** 로마서 1:28~32**

"또한 그들이 마음에 하나님 두기를 싫어하매 하나님께서 그들을 그 상실한 마음대로 내버려 두사 합당하지 못한 일을 하게 하셨으니 곧 모든 불의, 추악, 탐욕, 악의가 가득한 자요 시기, 살인, 분쟁, 사기, 악독이 가득한 자요 수군수군하는 자요 비방하는 자요 하나님께서 미워하시는 자요 능욕하는 자요 교만한 자요 자랑하는 자요 악을 도모하는 자요 부모를 거역하는 자요 우매한 자요 배약하는 자요 무정한 자요 무자비한 자라 그들이 이 같은 일을 행하는 자는 사형에 해당한다고 하나님께서 정하심을 알고도 자기들만 행할 뿐 아니라 또한 그런 일을 행하는 자들을 옳다 하느니라"

1) 원죄와 자범죄

(1) 원죄(原罪)

• 원죄(original sin)란 인간이 태어나면서부터 가지고 나오는 근본적인 죄이다. 원죄는 모든 개인과 인류에 해당되는 것이다.

▶ 첫 사람 아담의 범죄로 인해 모든 인류에게 죄가 들어왔고, 따라서 모든 인류는 아담이 받은 심판과 그 죄 값으로 인해 절체절명의 상황에 놓이게 되었다(롬 5:15~19; 엡 2:5).

• 원죄는 다른 모든 죄의 내적인 뿌리와 원인으로 작용한다.

▶ 원죄로 인하여 사람은 끊임없이 하나님을 대적하고 하나님보다 높아지려는 교만이 있다.

(2) 자범죄(自犯罪)

• 자범죄(actual sin)는 원죄의 결과로, 인간이 세상을 살아가면서 마음의 생각과 행동을 통해 스스로 짓는 죄이다.

• 자범죄를 짓는 것은 죄의 주관자인 사탄에게 순종하는 것이다(롬 6:16).

▶ 자범죄에 대한 대표적인 예가 로마서 1장 28~32절에 언급되어 있다.

*** 원죄와 자범죄의 구별**

1. 위 두 가지 죄는 인과(因果) 관계가 있다. 원죄는 원인이요 자범죄는 그 결과이다. 원죄는 하나지만 자범죄는 여러 개다.

2. 인식의 측면에서 서로 다르다. 원죄는 모든 사람에게 다 인식되는 것이 아니기 때문에 비신자들은 빈번히 그것의 존재를 부정하지만, 자범죄의 존재는 인정한다.

3. 죄책의 측면에서도 서로 다르다. 원죄는 날 때부터 가지고 있는 본성의 죄이며 죄책을 포함하지만, 자범죄는 자신의 의지적 악행이기 때문에 더 큰 죄책을 가진다.

- 자범죄는 우리의 기도가 하나님에게 상달되지 못하게 한다(사 1:15).

2) 무지의 죄와 지식의 죄

(1) 무지(無知)의 죄

- 무지의 죄는 자신이 죄를 짓고 있으면서도 그 행위가 죄인 줄 알지 못하고 있는 것이다.

- 바울이 부활의 예수님을 만나 사도로 부르심을 받기 전에는 자신이 행하던 행동이 죄인 줄 알지 못하고, 그리스도인을 핍박하기도 하고 죽이기도 했다(행 7:58~60).

(2) 지식(知識)의 죄

- 자신의 행동이 죄인 줄 알면서도 자신의 유익을 위해서나 쾌락을 즐기려고 고의(故意)로 짓는 죄이다.

- 시편 기자는 자신이 하나님에게 범죄를 저지르지 않게 되기를 기도했다(시 19:13).

＊지식의 죄(고범죄, 故犯罪)
행위 자체가 나쁜 범죄이며 또한 행위자가 나쁜 것을 알면서도 고의로 죄를 범하는 경우를 가리킨다.

3) 미완성의 죄와 최종적인 죄

(1) 미완성(未完成)의 죄

- 영혼이 스스로 완악해져서 하나님의 은혜를 받지 못하고 심판을 받게 되는 죄이다.

• 예수님의 보혈을 의지하고 죄를 회개하면 불의에서 벗어나 사망에 이르지 않는다.

(2) 최종적(最終的)인 죄

• 죄 중에 최종적인 것은 성령 모독죄이다(눅 12:10).

• 성령님의 탄식에도 불구하고 인간의 완고함으로 인하여 하나님 받아들이기를 끝까지 거절하는 죄이다.

＊모독(冒瀆)
사람을 말이나 행동으로 욕되게 하는 것은 악한 일이지만(유 1:9), 하나님을 망령되이 말하는 것은 치명적인 죄이다. 이스라엘에서 모독의 죄에 대한 형벌은 돌로 치는 것이었다(레 24:10~16).

4. 죄의 결과

인간의 범죄에는 반드시 심판이 따른다(딤전 5:24). 죄에 대한 책임이 인간에게 있다는 것을 성경이 증거하고 있다(롬 6:23; 살후 1:8~9). 스스로 선택에 의해 하나님의 뜻을 떠난 인간은(약 1:13) 심판과 형벌을 받아야 했다. 만물의 영장인 인간이 심판을 받게 되자 그와 관련된 모든 피조물도 심판을 받게 되었다.

1) 피조물의 심판

(1) 뱀에 대한 심판

• 사탄의 도구가 되어 인간을 유혹하고 타락하

게 한 뱀에게 중한 형벌이 내려졌다.

• 뱀은 모든 짐승보다 더욱 저주를 받아 배로 다니고 살아 있는 동안 흙을 먹게 되었다(창 3:14).

(2) 사탄에 대한 심판

• 창세기 3장 15절은 사탄에 대한 심판의 선포이다. "그는 네 머리를 상하게 할 것"이라는 말씀은 예수 그리스도의 십자가 승리를 말하는 것이다(골 2:14~15; 히 2:14).

▶ "너는 그의 발꿈치를 상하게 할 것"이라는 말씀은 사탄이 그리스도를 십자가에 못 박게 함으로써 작은 승리를 차지할 것임을 말하는 것이다.

• 그리스도의 십자가 사건은 사탄을 멸하는 완전한 승리로 끝나게 된다.

(3) 여자에 대한 심판

• 죄의 결과 여자는 해산의 고통을 겪게 되었다.

• 여자는 남편을 그리워하며 남편의 다스림을 받으며 살게 되었다(창 3:16).

*** 창세기 3:14**
"야훼 하나님이 뱀에게 이르시되 네가 이렇게 하였으니 네가 모든 가축과 들의 모든 짐승보다 더욱 저주를 받아 배로 다니고 살아 있는 동안 흙을 먹을지니라"

*** 창세기 3:15**
"내가 너로 여자와 원수가 되게 하고 네 후손도 여자의 후손과 원수가 되게 하리니 여자의 후손은 네 머리를 상하게 할 것이요 너는 그의 발꿈치를 상하게 할 것이니라 하시고"

*** 하나님의 심판의 목적**
1. 죄인을 개도하기 위함인가?
징계 혹은 권징은 개도를 위한 것이다. 그러나 하나님의 엄격한 형벌은 다르다. 그것은 죄인의 개도를 위한 것이 아니다. 노아 시대의 홍수 심판이나 소돔 고모라 성의 유황불 심판 같은 역사적 사건은 죄에 대한 하나님의 형벌이 죄인의 개도가 목적이 아닐 수 있다는 것을 증거한다.

(4) 남자에 대한 심판

- 인간의 범죄로 인해 땅이 더 이상 자발적으로 소산을 내지 않게 되었다.
  - ▶ 인간은 열매를 얻기 위해 고된 노동을 해야만 했다(창 3:17).

- 본래 흙으로 만들어진 아담은 죽음을 통해 몸이 흙으로 돌아가게 되었다(창 3:19).

(5) 자연에 대한 심판

- 만물을 다스리는 인간이 타락하자, 모든 자연도 형벌을 받게 되었다. 인간의 타락이 자연의 혼돈으로 나타나게 되었다(창 3:18).

2) 인간의 죽음

창세기 2장 17절에서 하나님은 인간에게 선악을 알게 하는 나무의 열매를 먹지 말라고 명령하시면서, "네가 먹는 날에는 반드시 죽으리라"고 경고하셨다. 하나님의 확고한 명령을 어긴 인간은 죄를 범했으며 죄의 대가는 사망이다(롬 6:23).

(1) 영적인 죽음

- 인간의 영혼이 하나님으로부터 분리되는 것이다.

또 하나님의 최종적 지옥 심판이 죄인의 개도를 위한 것이 아님도 자명하다. 물론 노아 시대나 소돔 고모라 심판 사건이 후대에게 도덕적 교훈이 되며 회개에 도움을 주지만, 심판 당사자에게는 그렇지 않았다.

2. 범죄의 예방을 위함인가?

죄에 대한 하나님의 징계는 징계당하는 본인에게 범죄 예방을 위한 유익을 주나, 죄에 대한 하나님의 형벌은 당사자에게 최종적이다. 물론, 죄의 형벌이나 징계가 다른 사람에게는 범죄 예방의 효과와 유익을 줄 것이다.

3. 하나님의 공의를 위함인가?

죄에 대한 하나님의 형벌은 하나님의 공의를 위함이다. 하나님은 지극히 공의로우시므로 죄는 엄격한 공의의 처벌을 필요로 한다. 하나님이 구약 율법에서 보이신 의는 엄격한 보응의 의미였다(출 21:23~25; 신 19:21).

- 아담이 하나님에게 불순종한 순간 육적으로 살아 있었으나 영적으로는 죽었다.
  - ▶ 거룩하신 하나님으로부터 분리된 인간은 하나님에 대한 두려움을 가지고 도피하게 되었다.
  - ▶ 영적으로 죽은 인간은 영적인 문제에 대한 이해와 영적으로 행동하고 반응하는 능력, 즉 하나님의 선한 일을 할 수 있는 능력을 상실하였다.

- 구원받지 못한 사람은 지금도 영적으로 하나님에게서 떠나 있고 그분을 알지 못하고 섬기는 것도 모른 채 하나님 없이 살고 있다.

- 하나님을 떠나 사는 사람은 정신적인 모든 문제를 가지고 사는데, 양심의 가책과 고통, 공허함, 우울증, 슬픔, 공포 등은 하나님과의 교제가 단절된 영적 죽음의 결과이다.

(2) 육체적인 죽음

- 육신의 죽음에 대하여 성경은 "너는 흙이니 흙으로 돌아갈 것이니라"(창 3:19)고 말씀한다.

- 본래 인간은 영원히 죽지 않을 능력을 소유한 채 창조되었으므로, 하나님의 법에 순종했다면 죽을 필요가 없었다.

*** 인간의 범죄로 인한 삼중 저주**
1. 영의 죽음
2. 육체적인 죽음과 질병
3. 환경적인 저주

• 창세기 5장은 아담으로부터 노아까지 아담의 후손을 기록하면서 "죽었더라"는 말을 반복한다.

• 사람이 죽은 이유는 하나님의 경고를 듣지 않고 죄를 지은 결과 죄의 형벌로 육이 죽게 되었음을 증거한다.

• 육의 죽음은 세상에 사는 동안 질병과 고통의 문제로 다가왔다.

▶ 인생에 질병과 가난, 저주가 찾아오는 것은 죽음과 관련이 있다.

(3) 영원한 죽음

• 영적 죽음의 절정이요 완성이며, 영혼이 하나님으로부터 영원히 분리되는 것을 말한다.

▶ 하나님으로부터 분리되어 영적인 죽음 상태에 있는 인간이 육체적 죽음을 맞이하게 되면, 이 상황이 영원히 지속된다.

• 사람의 영혼은 육체가 죽을 때 멸절되는 것이 아니다(마 10:28). 이것은 지옥(불과 유황못)의 교리를 증거한다. 지옥 교리는 주님이 직접 언급하신 말씀이다(막 9:43~46).

*** 지옥에 대한 증거**

1. 예수님의 말씀

주님은 "몸은 죽여도 영혼은 능히 죽이지 못하는 자들을 두려워하지 말고 오직 몸과 영혼을 능히 지옥에 멸하시는 자를 두려워하라"고 하셨다(마 10:28). 지옥 교리는 마가복음 9장 43~49절에서 가장 강하게, 그리고 명백하게 증거되어 있다. 또 마태복음 25장에서도 지옥의 영원한 불에 대해 증거하셨다.

2. 사도 바울의 증거

사도 바울은 데살로니가후서 1장에서 영원한 멸망에 대해 증거했다. "하나님을 모르는 자들과 우리 주 예수의 복음을 복종치 않는 자들에게 형벌을 내리시리니 이런 자들은 주의 얼굴과 그의 힘의 영광을 떠나 영원한 멸망의 형벌을 받으리로다"(살후 1:8~9) 여기서 '영원한 멸망의 형벌'은 지옥을 가리킴이 분명하다.

3. 사도 요한의 증거

사도 요한도 요한계시록 말미에서 지옥에 대해 밝히 증거했다(계 19:20, 20:10, 20:13~15, 21:8).

19과

구원의 의미

1. 구원의 정의

1) 구원의 필요성 : 전적 타락

2) 구약에 암시된 예수 그리스도를 통한 구원

3) 구원의 영역 : 전인구원

2. 구원에 이르는 길

1) 회개

2) 믿음

3. 구원의 단계

1) 중생

2) 칭의

3) 성화

4) 영화

THE HOLY SPIRIT AND MAN

19과 구원의 의미

1. 구원의 정의

구원은 죄로 말미암아 죽을 수밖에 없는 인간을 위하여 하나님의 독생자 예수 그리스도께서 성부 하나님에 대한 전적인 순종을 통하여 십자가에서 죽으시고, 타락한 인간을 전인적으로 구원하시는 성령님의 사역이다.

***구원론에 관한 주요 성경**

1. 로마서 : 믿음, 칭의, 양자, 성화, 영화
2. 갈라디아서 : 칭의
3. 요한복음, 요한일서 : 중생, 양자, 성화
4. 에베소서, 야고보서 : 성화
5. 고린도전서 : 영화

1) 구원의 필요성 : 전적 타락

하나님에게 불순종한 아담은 전적으로 타락하게 되었다. 전적 타락은 행위에 있어서 부도덕이나 불성실만을 의미하는 것이 아니다. 하나님의 기준에 이르지 못하는 것, 다시 말해서 '하나님이 창조하신 본래의 모습을 잃어버린 상태'이다. 전적으로 타락한 인간은 자기 스스로 구원할 수 있는 능력을 잃었고, 영혼이나 육신으로 행하는 모든 능력도 잃었을 뿐만 아니라 살고 있는 환경도 본래의 기능을 상실하게 되었다.

사탄이 인간 속에 '육신의 정욕과 안목의 정욕과 이생의 자랑'(요일 2:16)의 죄성을 심어 놓아 끊임없이 죄를 짓게 만듦으로 모든 인간은 저주에서 벗어날 수 없게 되었다. '대양 한가운데 빠진 사람은 외부의 도움'이 있어야 빠져 나올 수 있듯이 인간이 사탄의 권세에서 벗어나는 길은 하나님이 값없이 주시는 은혜로 전인적인 구원을 받는 것이다.

2) 구약에 암시된 예수 그리스도를 통한 구원

구약은 인류를 구원하시기 위하여 오실 예수 그리스도에 대한 암시를 많이 보여주고 있다.

(1) 여자의 후손(창 3:15)

- 창세기 3장 15절은 인간을 구원하시고 사탄의 권세를 멸하시기 위하여 오시는 예수 그리스도의 탄생과 그분의 사역을 말하고 있다.
  - ▶ 예수님이 세상에 성육신하셔서 오실 때 남자를 통하여 잉태된 것이 아니라 성령님에 의하여 여자(동정녀 마리아)에게 나셨다(마 1:18).
  - ▶ 사탄은 예수님의 발꿈치를 상하게 하며 십자가의 죽음으로 몰아넣었지만 주님은 부

＊하나님의 은혜

구원은 하나님의 긍휼과 은혜에서 나온다. 하나님의 은혜는 두 가지로 구분한다.

1. 일반 은혜(common grace) : 하나님이 모든 사람에게 일반적으로 베푸시는 은혜를 가리킨다. 이것은 하나님이 택하신 자나 택하시지 않은 자나 구별 없이 함께 누리는 은혜이다. 그러나 사람이 이 은혜를 받는다고 해서 심령에 변화가 일어나 구원을 얻는 것은 아니다.

2. 특별 은혜(special grace) : 하나님이 택한 자에게 주시는 구원의 은혜를 가리킨다. 이것은 사람의 구원을 위한 성령님의 활동이다.

＊창세기 3:15

"내가 너로 여자와 원수가 되게하고 네 후손도 여자의 후손과 원수가 되게 하리니 여자의 후손은 네 머리를 상하게 할 것이요 너는 그의 발꿈치를 상하게 할 것이니라 하시고"

활하셔서 사탄의 머리를 상하게 하심으로 악한 권세로부터 우리를 구원하셨다.

(2) 유월절 어린 양(출 12:21~23)

• 이스라엘 백성이 애굽 땅에서 노예생활을 하고 있을 때, 그들은 애굽 왕 바로의 속박에서 구원을 받고 조상이 살던 가나안 땅에서 자유롭게 살기를 기도했다.

• 하나님은 이스라엘 백성의 기도에 응답하시고, 지도자 모세를 통하여 그들이 애굽으로부터 구원받는 상징으로 유월절 어린 양을 잡으라고 하셨다.

▶ 이스라엘 백성이 잡은 어린 양은 인류를 구원하시기 위해 십자가에서 죽으신 예수님을 암시한다(요 1:29).

▶ 그들이 인방과 문설주에 바른 어린 양의 피는 죽음의 재앙을 막고 생명을 주는 예수 그리스도의 피를 의미한다.

(3) 놋으로 만든 불뱀(민 21:8~9)

• 이스라엘 백성이 출애굽하고 광야생활을 할 때 구원의 땅에 가기도 전에 불뱀에 물려서 죽는 자가 많이 속출하였다.

＊출애굽기 12:21~23
"모세가 이스라엘 모든 장로를 불러서 그들에게 이르되 너희는 나가서 너희 가족대로 어린 양을 택하여 유월절 양으로 잡고 우슬초 묶음을 가져다가 그릇에 담은 피에 적셔서 그 피를 문 인방과 좌우 설주에 뿌리고 아침까지 한 사람도 자기 집 문밖에 나가지 말라 야훼께서 애굽 사람들에게 재앙을 내리고 때에 문 인방과 좌우 문설주의 피를 보시면 그 문을 넘으시고 멸하는 자에게 너희 집에 들어가서 너희를 치지 못하게 하실 것임이니라"

＊인방
벽에 설치된 문의 아래와 위를 가로지른 나무로, 아래를 하인방, 위를 상인방이라고 한다. 이스라엘 백성이 애굽의 열 번째 재앙이 시작되기 전에 문설주와 인방에 양의 피를 발라 재앙을 면할 수 있었다(출 12:1~13).

＊문설주
벽에 설치된 문 양쪽에 세워 문짝을 끼워 달게 되어 있는 기둥으로 성경에서 이 용어가 건축적으로 사용된 경우는 에스겔 성전이 유일하다(겔 40:9~41:3).

• 하나님은 모세에게 놋뱀을 만들어 장대 위에 매달아 불뱀에 물린 자마다 그것을 보라고 하셨고, 보는 자마다 죽음에서 살리셨다.

• 장대 위의 놋뱀을 바라보면 치료를 받는다는 믿음을 가진 사람만 구원을 받았다.

▶ 모세가 만든 놋뱀은 십자가에 달리신 예수님의 구속 사건을 의미한다(요 3:14).

▶ 예수님은 모세가 광야의 뱀을 든 것을 언급하시며, 십자가에 달리실 주님을 바라보고 믿으면 영생을 얻게 된다고 하셨다(요 3:15).

(4) 물고기 속의 요나(욘 1:17)

• 요나는 니느웨 땅에 복음을 전하러 가다가 큰 물고기 뱃속에 갇혔으나 3일 만에 다시 밖으로 나왔다.

• 이 사건은 우리를 위하여 십자가에서 죽으셨다가 3일 만에 부활하셔서 우리를 구원하신 예수님의 예표이다.

• 서기관과 바리새인이 예수님에게 다가와 표적(sign)을 구했을 때 주님은 요나의 표적 외에는 보이실 표적이 없다고 하셨다(마 12:39~40).

＊민수기 21:8~9

"야훼께서 모세에게 이르시되 불뱀을 만들어 장대 위에 매달아라 물린 자마다 그것을 보면 살리라 모세가 놋뱀을 만들어 장대 위에 다니 뱀에게 물린 자가 놋뱀을 쳐다본즉 모두 살더라"

＊요한복음 3:14~15

"모세가 광야에서 뱀을 든 것 같이 인자도 들려야 하리니 이는 그를 믿는 자마다 영생을 얻게 하려 하심이니라"

＊니느웨

세계 최대의 고대도시 중 하나였고, 노아의 증손인 니므롯(창 10:11~12)이 건설하여 B.C. 612년까지 지속되었다. 요나는 야훼의 명령으로 니느웨 사람에게 "사십 일이 지나면 니느웨가 무너진다"(욘 3:4)고 경고했다.

＊표적(sign)

신호, 기적, 지시사항 등의 의미가 있는 말로 성경에서 이 용어는 하나님 능력의 현존을 알게 해 주는 사물 또는 현상에 사용되고 있다.

3) 구원의 영역 : 전인구원

전적으로 타락한 아담이 받아야 할 구원 영역이 전인구원이듯이, 그의 죄를 물려받은 후손도 전인적인 구원이 필요하게 되었다.

(1) 전인구원의 의미

- 우리가 예수 그리스도를 믿을 때 하나님은 전인적인 구원을 주신다.

- 전인적인 구원이란 영혼과 육체, 그리고 삶 전체에 걸쳐서 하나님으로부터 구원의 복을 받는 것이다.

(2) 전인구원의 성경적 근거(요삼 1:2)

- 영혼의 구원
  - ▶ 예수 그리스도의 십자가 대속의 결과, 우리의 과거와 현재, 미래의 모든 죄는 하나님 앞에서 완전히 청산되었다.
  - ▶ 우리는 예수님의 십자가를 통해 하나님 앞에 담대히 설 수 있는 자격을 얻게 된 것이다.
  - ▶ 하나님과 우리 사이에 죄악의 담(사 59:1~2)이 무너졌기 때문에 하나님은 우리의 영혼을 구덩이에서 건지시고 생명의 빛을 보게 하신다(욥 33:28).

＊마태복음 12:39
"예수께서 대답하여 이르시되 악하고 음란한 세대가 표적을 구하나 선지자 요나의 표적 밖에는 보일 표적이 없느니라"

＊요한삼서 1:2
"사랑하는 자여 네 영혼이 잘됨 같이 네가 범사에 잘되고 강건하기를 내가 간구하노라"

• 인간 삶(범사)의 구원

▶ 예수 그리스도로 말미암아 인간은 하나님과 화평을 누리게 되었다.

▶ 하나님과 화평하게 된 인간은 경쟁과 다툼의 땅, 시기와 질투의 땅, 낭패와 실망의 땅에서 벗어나 젖과 꿀이 흐르는 축복의 땅으로 들어갈 수 있게 되었다.

▶ 구원받은 자의 마음과 환경 가운데 평화의 강물이 흐르는 그리스도의 복이 임하게 되었다.

• 육체적인 구원

▶ 예수 그리스도께서 채찍에 맞으심으로 우리의 질고를 대신 지셨다(사 53:4).

▶ 예수 그리스도의 대속의 은혜로 우리는 질병에 대하여 단호하게 치료를 주장할 수 있다(마 8:17; 벧전 2:24).

2. 구원에 이르는 길

인간은 하나님이 은혜로 값없이 주시는 구원에 회개와 믿음으로 응답해야 한다. 회개와 믿음은 동전의 앞뒷면과 같아서 회개가 있으면 믿음이 생기고, 믿음이 있으면 회개하게 된다.

1) 회개

회개란 방향 전환 혹은 마음 또는 목적의 변화로, 지정의(知情意)의 전인적인 변화를 말한다. 회개는 죄를 깨닫게 하시는 성령님이 세상으로 향하는 인간을 그리스도에게로 돌이키게 만드는 하나님의 은혜이다. 즉, 우리를 회개하게 하시는 이는 성령님이시다(시 51:10; 롬 2:4). 인간의 의지가 아니라 성령님의 역사하심으로 죄를 자복하는 것이 구원에 이르는 회개이다.

*** 회개가 아닌 것**

1. 일반적인 후회나 근심
2. 죄책감으로 인한 슬픔의 지속

*** 천주교의 고해성사**

고해성사(告解聖事)는 덕과 성례를 포함한다. 덕(德)은 죄로 인한 근심과 죄를 버리려는 결심, 하나님에게 만족을 드리려는 의도를 가리킨다.

성례(聖禮)는 통회와 고명과 보속을 가리키는데, 통회(痛悔, contrition)는 범죄에 대해 슬퍼하는 행위요, 고명(告明, confession)은 신부에게 죄를 고백하는 것이다. 보속(補贖)은 죄를 갚기 위해 행하는 고행이나 선행을 말한다.

회개의 세 가지 요소	
지식	죄에 대한 깨달음이다. 사람이 죄를 떠나려면 먼저 죄에 대해 바르게 깨달아야 한다. 죄에 대한 바른 깨달음은 율법이 준다(롬 3:20).
감정	죄에 대한 슬픔과 미움을 가리킨다. 회개는 상한 마음을 동반한다. 사람이 죄를 미워하고 슬퍼하지 않고서는 죄로부터 돌이킬 수 없다(시 51:17; 고후 7:10; 욥 42:6).
의지	죄로부터 돌이키는 의지적 결단 곧 죄의 청산을 가리킨다. 이것이 회개의 핵심이다. 참된 회개는 마음의 변화에서 나온 행위의 변화이다(행 3:19, 11:18). "(탕자가) 이에 일어나서 아버지께로 돌아가니라"(눅 15:20).

2) 믿음

예수 그리스도가 구주가 되시며(행 13:23; 딤후 1:10), 하나님이 죄와 사망의 권세에서 살리신 것(롬 8:2~3)을 믿을 때 의롭게 된다(롬 3:28). 즉, 하나님의 구원의 약속과 예수 그리스도를 통해 주시는 구원의 은혜에 믿음으로 응답할 때 우리는 하나님의 자녀가 될 수 있다. 의롭게 되고 하나님의 자녀가 되는 믿음은 오직 성령님의 도우심을 통해 소유할 수 있는 것이다(고전 12:3).

(1) 믿음의 대상

- 인간을 구원하시고 영생을 주시는 이는 예수 그리스도이시다(요 3:16; 행 16:31).
- 예수 그리스도의 인격과 그의 사역에 관한 내용이 복음이다(막 16:15~16).
- 하나님의 특별계시의 기록인 성경은 예수 그리스도를 증거하고 있다(요 5:39; 행 24:14; 롬 10:17).

그러나 천주교의 고해성사는 성경이 말하는 회개와 다르다. 성경은 성도가 자신의 죄를 목사에게 고백해야 한다고 가르치지 않는다. 특히, 자신의 죄를 갚기 위해 고행이나 선행을 한다는 것은 구주 예수 그리스도의 유일 완전한 속죄제사에 모순된다(히 10:10, 14).

＊믿음을 갖기 위하여

1. 말씀을 읽고, 듣고, 묵상하라.
2. 구원의 약속을 시인하고 감사하라.
3. 순종으로 믿음을 굳게 하라.

＊믿음의 의지적 요소

1. 예수님을 영접하는 것(요 1:12, "영접하는 자 곧 그 이름을 믿는 자")
2. 예수님을 바라보는 것(요 3:14~15, 놋뱀을 바라보는 믿음)
3. 예수님에게 나아오는 것(요 6:44, 65)
4. 예수 그리스도의 살을 먹고 피를 마시는 것(요 6:50~58, 속죄 신앙)

믿음의 세 가지 요소	
지식	믿음이란 우리를 향한 하나님의 구원에 대한 확신인데, 그것은 그리스도 안에서 값없이 주시는 약속의 말씀에 기초하며 성령님에 의해 우리 마음에 계시되고 확인된다.
감정	믿음은 말씀을 듣고 기쁨(마 13:20)으로 받는 감정적인 요소가 분명히 있다. 감정적인 요소가 믿음의 구성 요소이기는 하지만 유일한 특성으로 생각하는 것은 잘못이다.
의지	믿음의 의지적인 요소는 지적인 요소와 감정적인 요소의 결과물이다. 믿음의 의지적인 요소에는 하나님에게 복종하는 마음과 예수님을 구주로 모시는 것이 포함된다.

(2) 잘못된 믿음

- 성경과 교리를 지식적으로만 믿는 것은 잘못된 믿음이다(약 2:19).
- 진리에 대한 확고한 의식이 없는 일시적 믿음은 진정한 믿음이 아니다(마 13:20~21).
- 기적만을 바라는 것은 미혹에 빠질 수 있는 위험한 믿음이다(마 7:22~23; 눅 17:11~19).

*** 믿음과 행위의 관계**

참된 믿음은 순종과 사랑으로 행동하는 것이다. 성도의 의롭고 선한 행위는 구원을 위한 조건은 아니지만, 구원받은 확실한 증거와 표가 된다(갈 5:6; 약 2:17, 26; 마 7:21).

3. 구원의 단계

1) 중생(重生)

죄로 인해 사망의 권세에 놓여 있던 인간이 이 권세에서 벗어나 예수 그리스도의 부활의 생명을 받아 누리게 되는 것을 말한다. 즉, 중생은 죽어가는 영혼이 새롭게 거듭 태어나는 것이다.

성경에서 중생에 대한 예가 예수님과 니고데모의 대화에서 나타난다. 그는 예수님의 표적을 보고 예수님이 '하나님과 함께하시는 분' 임을 고백했다. 그리고 자신도 하나님과 함께하는 사람이 되기를 원했다. 그러나 예수님은 그에게 "사람이 물과 성령으로 나지 아니하면 하나님의 나라에 들어갈 수 없느니라"(요 3:5)고 하심으로 구원을 위해서는 거듭남이 필요함을 가르쳐 주셨다.

(1) 중생의 의미

- 중생은 예수 그리스도를 구주로 믿는 자만이 가능하다.
  - ▶ 예수님을 구주로 믿지 않으면 하나님으로부터 난 자가 될 수 없다(요일 5:1).

- 하나님의 사람으로 거듭나기 위하여 사람은

＊중생의 방법

1. 하나님 편에서
   ① 오직 하나님의 뜻을 따라
   ② 예수 그리스도를 통해
   ③ 진리를 깨닫게 하시는 성령의 역사에 의해

2. 인간 편에서
   ① 죄로부터 돌아서는 회개
   ② 그리스도를 구주로 고백하는 믿음

의로운 행위를 통해서가 아니라 성령님의 새롭게 하심에 따라 중생하게 된다(딛 3:5).

- 중생은 예수 그리스도와 함께 십자가에서 자신을 죽임으로, 우리가 사는 것이 아니라 우리 안에 그리스도께서 사시는 것을 의미한다(갈 2:20; 골 2:13).

- 중생은 그리스도 안에서 새로운 피조물이 되는 것이다(고후 5:17).
  ▶ 새로운 피조물이 되면 예전과 다르게 영혼이 잘되고, 범사가 형통하며, 육의 강건함도 따르게 된다.

(2) 중생의 결과

- 하나님으로부터 난 사람은 시험을 이긴다.
  ▶ 중생을 하게 되면 생활 가운데 다가오는 시험에 승리하는 삶을 살 수 있다(요일 5:4).

- 중생한 사람은 미움에서 사랑으로 마음의 태도가 달라진다.
  ▶ 중생한 사람은 자연적으로 형제를 사랑한다(벧전 1:22).
  ▶ 하나님과 하나님의 말씀을 사랑한다(요일 4:19, 5:2; 시 119:97; 벧전 2:2).

＊중생은 하나님의 주권적 행위

중생은 하나님의 주권적 행위이다. 사람은 영적으로 죽어 있고 전적으로 부패되고 무능력해져 있다(렘 17:9, 13:23). 죽은 영혼은 스스로 살아날 수 없고 하나님의 활동에 협력할 수도 없다. 그러므로 중생은 하나님의 단독적(單獨的), 주권적 활동이며 하나님의 전적인 은혜이다. 중생에서 사람은 전적으로 피동적(被動的)이다. 중생에서 사람의 의지는 협력적 원인이 될 수 없다. 물론 하나님이 단독으로 이 일을 하실 수 있는 것은 예수 그리스도의 속죄사역 때문이다. 성경은 사람을 중생시키시는 분이 바로 하나님이심을 증거한다(겔 11:19; 요 1:13; 엡 2:4~5, 10; 딛 3:5).

▶ 원수도 사랑하게 된다(마 5:44).
▶ 길 잃은 영혼을 사랑한다(약 5:20).

• 중생한 사람은 하나님의 자녀로서 특권을 누리게 된다.
  ▶ 이 땅에 살면서 필요한 일용할 양식을 주신다(마 7:11).
  ▶ 하나님 아버지의 뜻을 계시해 주신다(고전 2:10~12).
  ▶ 하나님이 악한 자로부터 지켜 주신다(요일 5:18).

• 하나님으로부터 난 자는 예수 그리스도와 함께한 하나님의 후사가 된다(롬 8:16~17).
  ▶ 하나님의 가족으로 유업을 같이 누린다.

＊후사(後嗣)
집안의 대를 잇는 아들을 말한다.

하나님의 자녀가 누리는 특권	
양자의 영을 받아 담대히 나아간다.	롬 8:15; 갈 4:5~6; 히 4:16
하나님의 긍휼과 보호와 공급함을 얻는다.	마 6:31~32; 롬 8:32
징계는 받으나 버림을 당하지 않고 구속의 날까지 인치심을 얻는다.	히 12:8; 엡 1:13
영광의 천국을 상속받는다.	롬 8:17; 갈 3:29; 눅 12:32

2) 칭의(稱義)

구원을 이루시는 하나님의 역사 가운데, 하나님이 우리의 믿음에 응답하시고 약속하신 대로 의롭다고 부르시는 것이다. 즉, 칭의는 의롭게 혹은 정의롭게 만든다는 것이 아니라, 의롭다고 선포하는 것이다. 우리의 죄가 사함을 받았기 때문에 더 이상 심판을 받지 않아도 된다는 법적인 선언이다.

(1) 칭의의 근거와 수단

- 칭의는 하나님의 은혜로 된다.
  - ▶ 칭의는 우리가 행한 행위가 아니라 값없이 주시는 하나님의 은혜로 된다(롬 3:24; 딛 3:7).
  - ▶ 하나님이 우리가 '의'에 있어서 부족함과 의를 행함에 있어서 부족함을 아시고 친히 마련하신 것이 은혜이다.

- 칭의는 그리스도의 피로 주어진다.
  - ▶ 칭의는 용서함을 받은 결과로 따라오기 때문에 구약의 대제사장들은 백성의 죄를 용서받기 위하여 피를 가지고 지성소에 들어갔다. 이 피는 그리스도의 피를 상징한다.
  - ▶ 위대한 대제사장이신 예수님은 온 인류의 죄를 사하시기 위하여 피를 흘리셨고

*** 칭의의 성경적 의미**

성경에서 구원은 칭의(의롭다 하심)로 표현된다. 하나님은 부르신 자를 또한 값없이 의롭다 하시며(롬 8:30), 그 죄를 사하시며, 그들을 의롭게 여기시고 받아들이신다. 그것은 그들의 행위 때문이 아니라 오직 그리스도 때문이다. 믿음도 스스로 난 것이 아니고 하나님의 선물이다.

*** 칭의의 때**

칭의는 하나님의 영원하신 작정 속에 계획된 것이고 역사적으로 우리 주 예수 그리스도의 십자가 대속의 죽음과 부활로 확립되었다(롬 4:25). 성경은 사람이 예수 그리스도를 믿을 때 의롭다 하심을 얻는다고 분명히 말한다. 죄인의 칭의는 그가 예수 그리스도를 믿을 때 이루어진다. 마지막 심판 때 하나님이 성도에게 내리실 의롭다는 선언은 믿음으로 이미 받은 칭의의 확인이라고 보아야 할 것이다.

(마 26:28; 엡 1:7; 히 9:22), 이를 믿는 자를 의롭다고 하셨다.

• 칭의는 믿음으로 된다.
▶ 사람이 의롭게 되는 것은 율법의 행위에서 난 것이 아니라 예수 그리스도를 믿음으로 말미암는다(갈 2:16).
▶ 믿음은 칭의를 받기 위한 필수조건이다.

(2) 칭의의 결과
• 칭의는 죄의 형벌을 제거한다.
▶ 사람이 죄를 지으면 영혼이 죽게 되지만(창 2:16~17; 롬 5:12~14), 예수님을 믿고 의롭게 된 사람은 죽음의 형벌을 면하게 된다(행 13:38~39; 롬 8:1).

• 칭의는 하나님의 사랑으로 복귀하게 한다.
▶ 죄인은 형벌을 받을 뿐만 아니라 하나님의 사랑마저 상실했다(요 3:36; 롬 1:18).
▶ 믿음으로 의롭게 된 사람은 하나님의 사랑으로 복귀할 수 있게 된다.

• 칭의는 의를 전가한다.
▶ 칭의는 의롭다고 선포되어질 뿐만 아니라 하나님을 닮는 태도까지 요구한다.
▶ 칭의는 하나님의 의를 전달한다(롬 1:17).

＊칭의의 복
'의롭다 하심'(칭의)을 얻은 성도는 하나님과 화목하며 미래의 구원을 확신하고 기뻐할 수 있다(롬 5:1~2). 또한 성도는 죄에서 해방되었고(롬 6:18, 22) 억누르는 무거운 죄짐으로부터 벗어났다. 우리는 옛 죄를 반복해서 고백할 필요가 없다. 과거의 죄를 기억하고 낙망하고 있을 것이 아니라 하나님을 바라보며 의와 선을 행해야 한다.

▶ 칭의는 혼인잔치에 참석한 사람에게 주님이 주시는 의복과 같다(마 22:11).

3) 성화(聖化)

성화는 하나님의 값없는 은혜로 인간이 하나님의 형상을 따라 전인(全人)이 새로워지고, 죄에 대해 점점 더 죽고 의에 대해 살 수 있게 되는 것이다.

(1) 성화의 의미

- 어원은 히브리어 카도쉬(קדוש)로부터 유래되었는데, '자르다'라는 말이다. 성화란 세상으로부터 구별되어 하나님에게 헌신하는 것이다.

- 예수 그리스도의 대속을 믿음으로 새 생명을 얻고, 의롭다 하심을 받은 자들의 인격과 삶이 거룩하여지는 과정이다(엡 4:22~24).

- 성화는 하나님의 형상을 닮아 하나님이 거룩하신 것처럼 거룩하게 되는 것이다(고전 3:17).

- 성화는 육체와 성령의 소욕 사이의 갈등에서 육체의 소욕을 극복하고 성령님의 말씀대로 따르는 것이다(갈 5:17).

＊마태복음 22:11~13

"임금이 손을 보러 들어올 새 거기서 예복을 입지 않은 한 사람을 보고 이르되 친구여 어찌하여 예복을 입지 않고 여기 들어왔느냐 하니 저가 아무 말도 못하거늘 임금이 사환들에게 말하되 그 손발을 묶어 바깥 어두운 데에 내던지라 거기서 슬피 울며 이를 갈게 되리라 하니라"

＊칭의와 성화의 관계

1. 칭의는 우리의 죄책이 법적으로 제거되는 것이지만, 성화는 칭의에 근거하여 우리의 부패성이 실제로 극복되는 과정이다.

2. 칭의는 객관적인 사건이지만, 성화는 내면적인 사건이다. 성화는 그리스도께서 이미 십자가 위에서 이루시고 성령님이 적용하신 법적 의(義)를 성도의 인격과 삶에서 실제로 나타내는 것이다.

성도는 법적으로 이미 의롭다 하심을 받았고 거룩해졌다. 그러므로 실제로도 의롭고 거룩하고 선한 삶을 살아야 한다(살전 5:23).

(2) 성화의 수단

• 하나님의 역사

▶ 하나님의 말씀(시 119:9; 요 17:17; 골 1:28~29; 딤후 3:15~17)

▶ 예수 그리스도의 보혈(요일 1:7, 9; 히 10:10)

▶ 보혜사 성령님의 도우심(고전 6:11; 벧전 1:2)

• 인간의 노력

▶ 보혈의 능력을 믿는 믿음(히 11:18; 행 15:9)

▶ 말씀에 대한 순종(요 15:3, 17:17; 엡 5:26; 요일 1:7; 시 119:105)

▶ 성령님에게 복종함(요 16:13)

▶ 개인적인 헌신(롬 12:1~2, 6:3; 딤후 2:21)

(3) 성화의 방법

• 성도가 주님 안에 거하고, 주님의 말씀이 성도 안에 거하면서 거룩한 삶을 추구할 때 성화의 삶은 가능해진다(요 15:7).

▶ 거룩한 생활을 위해서는 하나님이 미워하시는 육체의 일을 버려야 한다.

▶ 음란, 우상숭배, 미움, 분노와 주님을 원망하며 시험하는 육체의 소욕을 죽여야 한다.

• 거룩한 삶은 오직 성령의 충만함을 통해서만 가능하다(갈 5:16).

＊성화의 점진성

중생은 영적 출생이며 성화는 영적 성장이다. 사람이 출생한 후 자라듯이, 성도는 영적으로 중생한 후에 점점 성화된다. 중생(重生)과 회개와 칭의는 단회적(單回的)이며 즉각적이지만, 성화는 중생에서 시작되어 일평생 동안 계속되는 점진적 과정이다.

야곱의 생애를 흔히 성화에 비교하듯이, 성도의 일생은 성화의 훈련 과정이다.

＊성화의 불완전성

육신의 죄악성은 죽을 때까지 완전히 극복되지 않는다. 이것은 성경이 증거하며 개인이 경험으로 인정하는 바이다. 그러나 감사하게도 성도의 구원은 이런 불완전한 성화에 의존하지 않고 그리스도의 완전한 속죄의 의(義)에 의존한다. 성도의 성화가 아무리 높은 단계에 도달했다 할지라도 그것은 그리스도께서 그를 위해 이루어주신 의(義)에 미치지 못한다. 성도의 구원은 오직 그리스도의 속죄사역과 의 때문에 완전해지며 성도는 최종적 영화의 단계에 이를 수 있다.

▶ 그리스도인은 성령님과 동행하므로 성령님의 역사를 통해 육체의 소욕을 이기고 성화의 삶을 살 수 있게 된다.

- 성도가 추구해야 할 성화는 영, 혼, 육이 예수 그리스도께서 강림하실 때까지 흠 없이 보존되는 것이다(살전 5:23).

4) 영화(榮化)

(1) 영화의 의미

- 하나님이 예정하여 부르시고 의롭다 하신(칭의) 자를 최종적으로 영화롭게 변화시키는 단계이다(롬 8:30).

- 인간의 육이 흙에 속한 자(아담)의 형상을 입은 것같이, 몸이 부활하게 되어 하늘에 속한 이(예수님)의 형상을 입는 단계이다(고전 15:47, 49).

(2) 영화의 시기

- 예수 그리스도의 공중 재림과 휴거 때, 성도는 부활하여서 영화로운 몸이 될 것이며(고전 15:43, 51~54), 한번 변화된 영화로운 몸은 영원히 지속될 것이다(살전 4:13~18).

＊성화의 세 가지 국면
1. 지위의 변화
2. 체험적 성화
3. 완전한 성화(영화)

칭의	성화	영화
죄의 형벌에서 구원	죄의 세력에서 구원	죄의 존재에서 구원
구원을 얻음	구원을 이루어감	구원의 완성
엡 2:8	빌 2:12	롬 8:23

＊영화의 시기
오순절 신학자 더필드와 밴 클리브는 그들의 종말론에서 우리가 부활할 때 영화로운 몸이 된다고 했다.

(3) 영화의 결과

- 그리스도의 몸과 같이 변화될 것이다(빌 3:21; 요일 3:2).

- 시간과 공간의 제한을 받지 않는 몸이 될 것이다(눅 24:31; 요 20:19, 26).

- 영원한 몸이 될 것이다(고후 5:1).

- 영광스런 몸으로 변화될 것이다(롬 8:18; 고전 15:43).

20과

교회의 의미

1. 교회의 정의
   1) 교회에 대한 비성경적 견해
   2) 교회의 성경적 의미

2. 교회의 시작
   1) 하나님의 계획
   2) 예수님의 선포
   3) 오순절 성령강림

3. 교회의 속성
   1) 하나됨
   2) 거룩함
   3) 세계적
   4) 사도성

4. 교회의 직분과 의식
   1) 교회의 직분
   2) 교회의 의식

5. 교회의 사명
   1) 설교와 가르침
   2) 제자훈련
   3) 친교
   4) 예배
   5) 전도와 선교
   6) 성도의 양육
   7) 물질사역

THE HOLY SPIRIT AND MAN

20과 교회의 의미

1. 교회의 정의

교회는 하나님이 구원받은 사람을 위해 계획하시고 세우신 기관이다. 교회는 그리스도의 보혈로 말미암아 세워진 그리스도의 몸으로서 교회를 통하여 복음이 전파되고, 성도가 양육을 받는다.

교회에 대해서 올바르지 못한 견해로 혼란이 야기되고 있는데 먼저 무엇이 비성경적 견해인지를 살펴보면 올바른 교회관을 얻을 수 있다.

1) 교회에 대한 비성경적 견해

(1) 교회는 유대주의가 아니다

- 로마 가톨릭 교회가 구약의 레위제사 제도를 차용해 들임으로써, 행위의 구원이라는 비성경적 견해를 끌고 들어왔다.

- 웅장한 성전과 복잡하고 미묘한 의식이 교회

*** 유대주의**
유대주의의 근본은 '선민사상'이다. 즉 창조주 야훼께서 유대인을 선택했다는 것이다. 그리고 율법도 유대인에게 준 것이며 유대인만을 구원시킨다는 논리이다.

에 들어와 초대교회의 단순했던 집회 장소는 사라지게 되었다.

• 초대교회의 꾸밈없는 복음전파도 자취를 감추었다.

(2) 교회는 '하나님의 나라'가 아니다

• 하나님 나라는 사후에 구원받은 모든 세대의 사람이 하나님과 함께 거하는 곳으로, 더 이상의 복음전파가 필요 없는 곳이다.

• 교회는 하나님을 예배하는 자들로 구성되어 있으며, 교회의 성도는 비신자에게 복음을 전파한다.

• 성경에서 하나님의 나라를 교회라고 부른 곳은 한 곳도 없다.

▶ 교회는 하나님 나라의 모형은 될지언정 하나님의 나라는 될 수 없다.

(3) 교회는 교파(教派)가 아니다

• 교파는 같은 이름으로 호칭되는 개인의 집합체 또는 사회, 하나의 종파, 기독교인의 종파이다.

＊하나님의 나라

하나님의 통치가 미치는 영역이다. 이 영역은 때때로 현재가 되기도 하고, 미래가 되기도 한다.

하나님 나라는 침례 요한의 사역 이후 소개되었으며, 사람들이 침입한다고 하였다(눅 16:16).

또한 하나님의 나라는 그리스도의 재림으로 시작되는 미래의 영역이다. 의로운 자들은 이를 상속할 것이며(마 25:34), 그곳에서 해 같이 빛날 것이다(마 13:43).

＊교파의 생성 이유

인간의 무지와 오해로 하나님의 진리에 대해 동일한 이해와 신앙고백을 가지지 못하는 것이 교파가 생긴 이유다. 그러나 복음적 개신교단은 공통적으로 고백하는 근본 교리에서 하나임을 나타내고 있다.

• 교회는 사도신경에서 확증하고 있듯이 하나의 '거룩한 공회'(The Holy Catholic Church)이며, 교파가 교회가 될 수 없는 이유가 여기에 있다.

(4) 교회는 건물이 아니다

• 헬라어에서 '교회'(ἐκκλησία)라고 번역된 말은 대부분의 경우 사람과 관련되어 사용되었다.
  ▶ 교회는 장소적 개념보다는 모임의 개념이 강하다.
  ▶ 성경에서 에베소 교회라는 말은 에베소에 있는 기독교 성도의 모임을 언급한 것이다.

• 적어도 3세기까지 교회 건물이 세워지지 않았고 가정집에서 예배를 드렸다.

2) 교회의 성경적 의미

(1) 구약에서의 교회

• 구약에서 교회에 해당하는 히브리어는 카할(קָהָל)과 에다(עֵדָה)이다. 한글개역개정성경에는 '회중'(congregation) 혹은 '총회'(assembly)로 번역되었다.

• 카할은 '불러 모으다'란 동사(קָהַל, assemble)에서 유래되었고 이스라엘 '회중'(출 12:6)을 가

＊교회 용어의 첫 사용

신약에서 교회라는 말이 처음 사용된 곳은 "내가 이 반석 위에 교회를 세우리니"(마 16:18)이다. 주님이 교회를 세우시는 것이 하나님의 계획이며 주님의 중요한 사역이라는 것을 증거하셨다. '내 교회'라는 말은 구약시대 이스라엘 백성과 구별하여 예수 그리스도를 믿고 따르는 무리를 가리킨다.

＊바울 서신에서 교회

1. 구원받는 사람(엡 5:24; 빌 4:15; 골 1:24)
2. 그리스도 몸(엡 1:23; 고전 12:13)
3. 성령의 인치심을 받은 자(엡 1:4~14)

리켰다. 교회는 하나님이 불러 모으신 모임이다.

- 에다(עדה)는 '지정하다' 라는 동사에서 유래되었고 한글개역개정성경에는 주로 '회중'으로 번역되었다(출 12:3). 교회는 지정된 장소에 택함을 받아 모인 성도의 모임이다.

(2) 신약에서의 교회

- 신약에서 교회에 해당하는 헬라어는 에클레시아(ἐκκλησία)이다. '밖으로 불러내다' 라는 동사에서 유래하였다.

- '민회'나 기타 세속적 모임을 가리키기도 하였으나(행 19:41), 주로 예수님을 주님으로 고백하는 무리를 가리킨다(행 11:26).

- 교회는 구원받은 성도의 모임이며 그리스도의 구속과 성령님의 인치심을 받은 자가 연합하여 교제하는 곳이다.

＊교회는 어떻게 세워야 하는가?

신약의 교회는 지금도 세워지는 중이다(엡 2:20~22).

1. 영적이어야 한다. 단순히 외형적으로만 세워져서는 안 된다.
2. 거룩하고 흠이 없어야 한다(엡 5:26~27). 순수한 복음을 선포하며 말씀을 성실하게 가르쳐 성도를 영적, 도덕적, 인격적으로 양육해야 한다.
3. 직분과 조직이 필요하지만 그것은 본질적이지 않고 부수적이다.
4. 사도들로부터 전수되어 온 신앙을 계승하고 고백하며 전파해야 한다.

2. 교회의 시작

신약의 교회는 오순절날 마가 다락방에 임한 성령님의 강림에서부터 시작되었다(행 2:42~47).

1) 하나님의 계획

교회는 창세 전에 세워진 하나님의 계획이며 죄로 타락한 인간을 구원하기 위해 하나님이 작정하신 것이다(엡 1:3~4, 6).

*** 에베소서 1:4**
"곧 창세 전에 그리스도 안에서 우리를 택하사 우리로 사랑 안에서 그 앞에 거룩하고 흠이 없게 하시려고"

2) 예수님의 선포

예수님은 빌립보 가이사랴 지방에서 제자들에게 교회가 세워질 것을 선포하셨다(마 16:18). 예수님은 교회의 재건이 아니라 설립에 관하여 말씀하셨다.

3) 오순절 성령강림

오순절 성령강림 사건은 교회를 세우시겠다는 예수님의 선포(마 16:18)의 성취이다. 성령님은 교회를 세우시고 사람을 거듭나게 하시며 예수님과 연합하게 하신다. 예수님이 다시 오실 때까지 교회는 성령님에 의해서 계속 확장될 것이다(요 14:16; 행 1:4~5, 2:4, 32, 47; 고전 3:11).

3. 교회의 속성

1) 하나됨(일체성, unity)

교회는 영적으로 하나이다. 교회는 그리스도의 몸(엡 1:23)이며 한 성령 안에서 한 몸(고전 12:13)이다. 교회가 비록 세상에서 여러 형태로 나누어져 있다고 하더라도 성령 안에서 하나이므로 영적으로 나눌 수 없고 깨뜨릴 수 없다. 따라서 교회는 하나님의 진리에 대한 동일한 믿음과 고백을 위해 힘써야 한다(요 17:11, 20~21; 엡 4:3~6). 교회가 분열하는 것은 하나님의 뜻이 아니다(고전 1:13; 엡 4:3; 갈 5:19~21). 동일한 신앙고백과 성도의 교통으로 서로 연합하여 주어진 사명을 이루어야 한다.

2) 거룩함(성결성, holiness)

교회는 하나님의 진리를 맡은 기둥과 터(딤전 3:15)이기 때문에 하나님을 대적하는 이단이나 타락한 세상 문화가 들어오지 못하도록 영적 전쟁(엡 6:10~13)을 해야 하고, 주님의 능력으로 거룩함을 지켜야 한다.

교회는 머리 되시는 예수 그리스도와 몸 된 성도로 구성되었기 때문에 이미 법적으로 의롭다 하심을 받았고(고전 1:2; 히 10:10; 엡 1:22~23), 성도 안에는 하나님의 거룩한 성령님이 거하시기 때문에(고전 3:16), 거룩함을 유지할 수 있다.

3) 보편성(catholicity)

교회의 중요한 속성 중 하나는 보편성이다. 교회는 세계에 퍼져 있고 다양한 민족으로 구성되어 있다. 교회는 누구든지 하나님의 가족이 될 수 있는 집이다(엡 2:19~21; 롬 11:25~26; 계 7:9).

사도신경에 나온 '거룩한 공회'에서 공회(公會, the catholic church)는 교회가 세계적임을 의미한다. 교회는 넓고 보편적인 시야를 가지고 세계를 품고 변화시켜야 한다.

4) 사도성(apostolicity)

교회는 초대교회 사도들로부터 시작하였고, 사도들의 신앙, 증언, 봉사를 계승하고 있다. 사도성은 복음의 핵심, 즉 예수님의 십자가 죽음과 부활로 구원의 길이 열렸음을 선포하는 사도적 전통의 계승이다.

＊고린도전서 3:16
"너희는 너희가 하나님의 성전인 것과 하나님의 성령이 너희 안에 계시는 것을 알지 못하느냐"

＊공회(公會)
가톨릭(catholic)은 보편적, 공번적, 일반적, 널리 알려진 등의 뜻을 가진 단어로 그리스어 'καθολικός'에서 왔다. 영어로 catholic, universal 등으로 번역된다.

＊교회의 사도성
1. 사도적 전통의 계승을 말한다. 사도적 신앙고백이 사도적 전통인데 이는 고스란히 사도신경 안에 담겨 있다.
2. 사도들이 행했던 대로 하나님 말씀을 전하고 선포하는 교회이며, 하나님 말씀을 따라서 사랑과 봉사를 행하는 교회이다.

4. 교회의 직분과 의식

1) 교회의 직분

사도적 교회의 조직은 그들의 직분이나 직위에 대한 것보다는 그 사역을 기술한 것이 많다. 초대교회의 성도나 지도자가 회당 구성원과 동일한 유대인이었으므로 그들의 교회 조직은 어느 정도 회당의 조직과 비슷하였다.

(1) 말씀을 전하는 자

- 교회 내에서 말씀을 전하는 자는 사도, 선지자, 복음을 전하는 자, 목사, 그리고 교사가 있다(엡 4:11~12).

- 이들의 공통점은 평신도나 비신자에게 '하나님의 말씀'을 전한다는 것이다.
  ▶ 대체로 하나님의 부르심을 입거나, 성령님이 주시는 은사를 받아 사역을 수행하였다.

(2) 장로

- 바울은 아시아 지역에 세웠던 교회를 위탁하기 위하여 장로를 임명했다(행 14:23).

- 초대교회에서 장로는 집사와 구분된 직책이었고, 지역교회를 책임지고 있는 사람에 대한

＊에베소서 4:11~12
"그가 어떤 사람은 사도로, 어떤 사람은 선지자로, 어떤 사람은 복음 전하는 자로, 어떤 사람은 목사와 교사로 삼으셨으니 이는 성도를 온전하게 하여 봉사의 일을 하게 하며 그리스도의 몸을 세우려 하심이라"

＊장로(長老)
1. 구약에서 장로는 모세와 함께 이스라엘 백성을 지도했고(출 3:16; 민 11:16), 지방행정에도 참여했으며(삿 8:14), 왕국이 설립된 후에는 나라 일에도 관여했다(삼상 4:3).
2. 신약에서 장로는 사도, 선지자, 교사와 함께 언급되었는데, 특히 예루살렘 교회의 장로들은 야고보와 함께 교회를 다스렸다(행 11:30).
3. 칼빈이 장로교를 설립한 이후 현재의 장로는 목양보다는 교회의 치리에 집중하여 사역하고 있다.

보편적인 명칭이었다(행 20:17; 딛 1:5).

(3) 감독

- 감독을 좀 더 분명하게 번역하면 '교회를 다스리는 능력이 있는 지도자' 이다(딤전 3:1~7; 딛 1:5~9; 행 20:17, 20:28).

- 신약시대에는 감독이 한 교회를 맡아보고 있었다.
  ▶ 교회사학자인 윌리스턴 워커에 의하면, 감독이 좀 더 광범위한 조직(여러 교회들)을 맡아 보게 된 것은 2세기경부터이다.

(4) 집사

- 지역교회에서 두 가지 직분은 감독과 집사라고 성경은 말하고 있다(빌 1:1; 딤전 3:1~13).

- 집사라는 말은 종을 의미하는 헬라어 '디아코노스' (διάκονος)에서 유래됐으며, 사도들의 하는 일과 성도를 섬기는 일을 위해 세워졌다.

(5) 사역자

- 사역자(minister)라는 말은 집사를 번역한 것으로 집사와 동일한 헬라어에서 유래되었다(고전 3:5).

＊사역자
The Interliner Greek-English New Testament (Zondervan) 성경에서는 집사들(διάκονος)이라는 단어 밑에 사역자(ministers)라는 해석을 달아놓았다. 개역개정판 고린도전서 3장 5절에서도 '사역자' 로 번역하고 있다.

- 그 호칭은 어떤 경우든지 영적 지도자로 부르심을 입은 사람에게만 사용되었다.

(6) 다스리는 사람

- 교회의 지도자를 지칭하는 말로 성경에서 여러 번 사용되었다(롬 12:8; 딤전 5:17; 히 13:7, 17, 24).

- 교회에서 정식으로 세움을 입은 지도자를 존경하는 것이 성경적인 가르침이다(살전 5:12).

2) 교회의 의식

예수님은 교회에 두 가지 의식(儀式)을 분명하고 확실하게 명령하셨다. 첫째가 물침례이고, 둘째가 성찬이다(마 28:19; 고전 11:23~26).

(1) 물침례

- 예수님이 물침례를 성례로 정하셨다는 것은 마태와 마가가 전하는 '지상명령'에 나타난다(마 28:19; 막 16:16).

- 물침례에 대한 영적 의미에 대한 가르침이 서신서에 잘 나타난다.

- 물침례의 방법은 침수이다.
  ▶ 침례를 베풀 때에 물을 뿌리는 약식 침례

＊데살로니가전서 5:12~13
"형제들아 우리가 너희에게 구하노니 너희 가운데서 수고하고 주 안에서 너희를 다스리며 권하는 자들을 너희가 알고 그들의 역사로 말미암아 사랑 안에서 가장 귀히 여기며 너희끼리 화목하라"

＊마태복음 28:19
"그러므로 너희는 가서 모든 민족을 제자로 삼아 아버지와 아들과 성령의 이름으로 침례를 베풀고"

＊서신서(書信書)
신약에서 서신서는 둘로 분류한다.
1. 공동서신은 예수님의 제자들에 의하여 쓰인 것이다. 베드로전후서, 요한 일, 이, 삼서, 야고보서, 유다서, 히브리서이다.
2. 바울서신은 바울에 의하여 쓰인 것이다.
① 교리서신 : 로마서, 갈라디아서, 고린도전후서, 데살로니가전후서
② 옥중서신 : 에베소서, 빌립보서, 골로새서, 빌레몬서
③ 목회서신 : 디모데전후서, 디도서

로 집전하는 경우가 있지만 침수(浸水)가 원어(βαπτίζω)의 뜻에 맞다.

▶ 예수님이 요단강에서 물침례를 받으실 때에도 물속에 완전히 잠기셨다(마 3:16).

• 물침례의 신앙형식은 '아버지와 아들과 성령의 이름'이다.

▶ '예수 이름으로' 침례를 받는 것은 이 형식을 간략하게 한 것이다.

(2) 성찬

• 성찬은 예수님이 지상 마지막 유월절에 대속의 죽음에 대한 기념으로 떡과 포도주를 나누는 의식에서 시작되었다(눅 22:19).

• 교회가 성찬을 성례로 준수했다는 확실한 증거는 바울의 가르침에서 발견된다(고전 11:23~26).

• 성찬할 때 여섯 가지의 유념해야 할 내용이 있다.

▶ 성찬은 축복에 관계없이 교회의 머리 되신 주님에 대한 순종이다(고전 11:23~24).

▶ 성찬은 예수님의 대속의 죽음과 피흘림의 기념이다(고전 11:26).

▶ 성찬은 교회가 행하는 고백의 행위로써 그

＊성찬의 네 가지 이론

1. 화체설 : 떡과 포도주가 실제 살과 피로 바뀐다고 본다(로마 가톨릭).

2. 공재설 : 성찬의 재료에 예수님의 살과 피가 함께 나타난다(루터교).

3. 기념설(상징설) : 예수님의 살과 피를 기념하는 것이다(츠빙글리).

4. 영적 임재설 : 예수님의 살과 피가 영적으로 임재한다(칼빈).

리스도의 대속의 효력에 대한 믿음을 선포하는 것이다(고전 11:26).

- ▶ 성찬은 그리스도의 대속의 일을 결말짓기 위하여 그리스도께서 다시 오실 것을 고대하는 선언이다(고전 11:26).
- ▶ 성찬은 주님과 친교하는 체험으로 이를 통하여 믿음으로 주님과 사귀는 축복의 힘을 얻게 된다(고전 10:16).
- ▶ 성찬은 주의 식탁에 모인 성도의 친교이며, 그리스도의 몸의 일원이 되었다는 하나의 선언이다(고전 10:17).

5. 교회의 사명

1) 설교와 가르침

교회에 주어진 가장 중요한 사명은 예수님이 승천하시기 전에 사도들에게 주신 '지상명령' 속에 선포되어 있다. 주님이 "너희는 온 천하에 다니며 만민에게 복음을 전파하라"(막 16:15)고 말씀하셨는데 여기서 '전파하라' 는 말은 '설교하라' 고 번역할 수 있다.

또한 주님은 "내가 너희에게 분부한 모든 것을 가르쳐 지키게 하라"(마 28:20)고 명하셨는데 이는 교회의 가르치는 사명을 강조한 것이다.

말씀 전파는 새신자를 불러 모아 주님의 제자를 삼는 교회의 사역이며, 가르치는 것은 성도의 성숙을 돕기 위한 교회의 사역이다.

2) 제자훈련

교회의 사명은 '모든 민족을 제자 삼는 일'(마 28:19)이다. 다른 사람에게 복음을 전하여 제자를 삼을 때는, 반드시 진리의 말씀을 실제적 행동을 통하여 보여주어야만 신실한 주님의 제자로 양성할 수 있다.

3) 친교

교회의 사명은 교인 사이의 친목을 도모하고 유지하는 일이다. 친교 또는 교제라는 말은 "모든 사람이 음식을 같이 먹고"(행 2:42), "각기 가지고 있는 소유물을 공용으로 사용하는 것"(행 2:44) 및 "교제하거나 교섭하는 것"이라는 의미를 내포하고 있다.

친교는 성경적 윤리와 조화를 이루어 전혀 해롭지 않고 오히려 교회 생활에 많은 유익을 가져온다. 친교는 그리스도의 몸 된 교회 안에서 아버지와 아들과 함께한 가족된 관계를 맺고, 성령님을 통하여 교회를 하나로 결합하는 것이다.

4) 예배

교회의 중요한 사명은 예배이다. 교회는 기도하고 찬양할 수 있는 분위기를 만들고 그런 분위기를 항상 유지시켜야 한다.

성령님은 성도가 기도, 예배, 찬양드릴 때, 도와주신다(롬 8:26). 특히 성령충만한 성도가 예배드릴 때 기도의 언어(방언)를 통하여 인간의 지적 예배보다 훨씬 온전한 예배를 드릴 수 있다(고전 14:2, 4).

"하나님 아버지께서 영과 진리로 예배드리는 사람들을 항상 찾고 계신다"고 예수님이 말씀하셨으므로 교회는 예배에 힘써야 한다(요 4:23).

신약시대의 예배는 구약시대의 제사와 동일하게 보거나 대치하는 경향이 있지만 구별하여 보아야 한다.

(1) 구약시대의 제사

일차적으로 예수 그리스도의 속죄 사역을 예표한 것이고, 부수적으로 성도의 신앙생활에 대한 교훈적 의미가 있었다.

(2) 신약시대의 예배

신약시대의 예배는 구약시대의 제사와 같은 특별한 의미를 갖지 않는다. 성경은 성도가 하나님에게 찬송하고 순종하며 하나님을 위해 사는 삶을 제사라고 계시한다(롬 12:1; 히 13:15~16; 벧전 2:5). 교회에서의 공적 예배가 제사인 것은 성도의 삶 자체가 제사이기 때문이다.

5) 전도와 선교

예수님의 지상명령은 세계 선교와 전도를 필연적으로 수반한다. 예수님은 복음이 예루살렘과 온 유대와 사마리아를 넘어서 땅 끝까지 전파되기를 원하셨다(행 1:8).

교회는 권세를 가지고 이 사명을 감당하기 위하여 모든 노력과 자원을 아끼지 않고 쏟아부을 필요가 있다. 전도와 선교는 주님의 마지막 명령임에도 불구하고, 아직까지 모든 민족이 복음화 되거나 땅 끝까지 복음이 미치지 못하였기 때문이다. 교회와 그리스도인에게 이 사명은 아무리 강조해도 지나침이 없다.

6) 성도의 양육

교회의 사명은 비신자를 신자로 만들었다고 끝나는 것이 아니다. 교회의 사명은 초신자가 확신을 가지고 예수님을 믿고, 하나님의 말씀 교육을 통하여 교회에 덕을 세우게 하며, '그리스도의 장성한 분량'에 이르도록 양육하는 것이다(엡 4:13).

*** 교회의 세 가지 권세**

1. 교훈권 : 하나님이 교회에 하나님의 말씀을 전파하고 가르치는 권세를 주셨다(마 28:18~20; 딤후 2:2, 4:2). 또 교회는 하나님의 말씀을 변호하고 보존해야 한다. 사도 바울은 복음을 전했을 뿐 아니라 그것을 변호하였다(빌 1:7; 딤전 3:15).

2. 치리권 : 주님은 교회에 질서를 유지하고 그 거룩함을 지키는 권세를 주셨다. 주님은 성도의 모임인 교회가 질서 있고 거룩하게 운영되기를 원하신다(고전 14:33). 또 교회는 교리적, 윤리적 오류에 빠진 자들에게 권징을 행사한다(고전 5:2, 13).

3. 봉사권 : 교회가 교회 안의 가난한 자를 도우며 병자를 위로하는 행위에서 나타난다. 예수님은 세상에 계실 때 사람을 섬기셨다(마 4:23, 25:35~36). 초대 교회의 성도는 서로 섬기는 일에 힘썼다(행 2:44~45, 6:1; 롬 12:13; 고후 8:4; 갈 2:10; 약 5:14; 벧전 4:9~10).

7) 물질사역

초대교회는 사람의 물질적인 필요, 특별히 그리스도인의 물질적인 필요에 많은 관심을 기울였다. 초대교회의 사회적인 관심은 예수님의 양과 염소의 비유를 통한 가르침에서 비롯된다(마 25:34~46; 눅 10:25~37). 교회가 이 세상에서 헐벗고 소외된 모든 사람에게 반드시 구제와 나눔을 실천해야 할 책임은 없지만, 예수님은 '주리고, 목 마르고, 나그네 되고, 헐벗고, 병들고, 옥에 갇힌 자'를 외면하지 말라고 당부하셨다.

교회는 주님의 말씀에 따라 사회의 소외당한 자에게 가능한 한 은혜를 나눠야 한다. 성경에서 교회가 물질 사역을 감당했던 사례는 아래의 내용과 같이 발견된다.

- 예루살렘 교회는 과부들의 매일 구제(음식 공급)에 갈등이 생기자, 그 문제를 해결하기 위하여 일곱 집사를 선정했다(행 6:1~7).

- 욥바에서 가난한 과부들에게 옷을 만들어 주던 도르가가 죽었을 때, 베드로는 그녀를 살려서 구제사업을 계속하게 했다(행 9:36~42).

- 유대에 기근이 들었을 때, 안디옥의 그리스도인은 예루살렘에 있는 가난한 성도를 위하여

＊도르가
욥바에 살고 있었던 그리스도인으로 그녀는 자선행위로 잘 알려져 있었고, 다비다(암사슴이라는 뜻)라고도 부른다(행 9:36~43).

모금운동을 했다(행 11:28~30).

- 과부들을 돌보는 일에 대한 특별한 지시가 디모데에게 쓴 바울의 서신에 나타나 있다(딤전 5:3~10).

- 그리스도의 구속 사역은 전인(全人), 즉 영·혼·육 모두를 위한 것이다.

- 고린도후서의 많은 부분이 모금과 관련되어 있다(고후 9:7).

THE
HOLY
SPIRIT
AND
MAN

Memo.

Memo.

Memo.

Memo.

말씀과 진리 성령과 인간

초판 1쇄 발행 | 2014년 4월 1일
6쇄 발행 | 2024년 9월 10일

지 은 이 | 이영훈
편 집 인 | 김호성
펴 낸 곳 | 교회성장연구소

등록번호 | 제 12-177호
주 소 | 서울시 영등포구 은행로 59, 4층
전 화 | 02-2036-7936
팩 스 | 02-2036-7910
홈페이지 | www.pastor21.net

I S B N | 978-89-8304-228-6 03230
978-89-8304-224-8 04230(세트)

"무슨 일을 하든지 마음을 다하여 주께 하듯 하라" 골 3:23

교회성장연구소는 한국 모든 교회가 건강한 교회성장을 이루어 하나님 나라에 영광을 돌리는 일꾼으로 성장하는 것을 목표로, 목회자의 사역은 물론 성도들의 영적 성장을 도울 수 있는 필독서를 출간하고 있다. 주를 섬기는 사명감을 바탕으로 모든 사역의 시작과 끝을 기도로 임하며 사람 중심이 아닌 하나님 중심으로 경영한다. "무슨 일을 하든지 마음을 다하여 주께 하듯 하라"는 말씀을 늘 마음에 새겨 하나님께서 주신 사명을 기쁨으로 감당한다.